Descubra Juegos Gratis Online

Disponibles Aquí:

BestActivityBooks.com/FREEGAMES

5 CONSEJOS PARA EMPEZAR

1) CÓMO RESOLVER LAS SOPA DE LETRAS

Los rompecabezas tienen un formato clásico:

- Las palabras se ocultan sin espacios ni guiones,...
- Orientación: Las palabras pueden escribirse hacia delante, hacia atrás, hacia arriba, hacia abajo o en diagonal (pueden estar invertidas).
- Las palabras pueden superponerse o cruzarse.

2) APRENDIZAJE ACTIVO

Junto a cada palabra hay un espacio para anotar la traducción. Para fomentar un aprendizaje activo, un **DICCIONARIO** al final de esta edición te permitirá comprobar y ampliar tus conocimientos. Busca y anota las traducciones, encuéntralas en el puzzle y añádelas a tu vocabulario!

3) MARCAR LAS PALABRAS

Puedes inventar tu propio sistema de marcado. ¿Quizás ya usas uno? También puedes, por ejemplo, marcar las palabras difíciles de encontrar con una cruz, las que te gustan con una estrella, las nuevas con un triángulo, las raras con un diamante, etc.

4) ESTRUCTURAR EL APRENDIZAJE

Esta edición ofrece un **CUADERNO DE NOTAS** muy práctico al final del libro. En vacaciones, de viaje o en casa, podrás organizar fácilmente tus nuevos conocimientos sin necesidad de un segundo cuaderno!

5) ¿HABÉIS TERMINADO TODAS LAS PARRILLAS?

En las últimas páginas de este libro, en la sección **DESAFÍO FINAL**, encontrarás un juego gratis!

¡Rápido y sencillo! Echa un vistazo a nuestra colección de libros de actividades para tu próximo momento de diversión y aprendizaje, ¡a sólo un clic de distancia!

Encuentre su próximo reto en:

BestActivityBooks.com/MiProximoLibro

En sus marcas, listos, ¡Ya!

¿Sabías que hay unas 7.000 lenguas diferentes en el mundo? Las palabras son preciosas.

Nos encantan los idiomas y hemos trabajado duro para crear libros de la más alta calidad para tí. ¿Nuestros ingredientes?

Una selección de temas adecuados para el aprendizaje, tres buenas porciones de entretenimiento, y luego añadimos una cucharada de palabras difíciles y una pizca de palabras raras. Los servimos con cariño y máxima diversión para que puedas resolver los mejores juegos de palabras y te diviertas aprendiendo!

Tu opinión es esencial. Puedes participar activamente en el éxito de este libro dejándonos un comentario. Nos encantaría saber qué es lo que más le ha gustado de esta edición.

Aquí hay un enlace rápido a tu página de pedidos:

BestBooksActivity.com/Opiniones50

Gracias por tu ayuda y diviértete!

Todo el equipo

1 - Agua

```
T C I N G D B F S M H A O S O
F U M O S O R E E M O O T S V
S S T S Q S L I E T L I E M E
G E I S E R D V N A A K R O R
I J V E D I J S E K W I N O S
T S R O V O O W A N B L X R T
H W E M D O U Q L Z I A Q O R
C P I E X F V C A G R A A Y O
O E V A B A K S H C R N D R M
V P I M S V V A S E I A S G I
E P R B Y E H J V S G K X M N
V E R D A M P I N G A F P S G
T J J H D I E H G I T H C O V
S N E E U W W G X T I E B V O
R E G E N A A E C O E R M J H
```

KANAAL	MEER
DOUCHE	REGEN
VERDAMPING	MOESSON
GEISER	SNEEUW
VORST	OCEAAN
IJS	GOLVEN
VOCHTIGHEID	DRINKBAAR
ORKAAN	IRRIGATIE
VOCHTIG	RIVIER
OVERSTROMING	STOOM

2 - Arqueología

```
O A L E P M E T N T V G R Q X
N N M I B Y A H E Z O N B I E
B A W T F S S E T H T I C R U
E L T A A T D I T P Z L S U P
K Y J U R E K E O Z R E D N O
E S J L G R G V B H C M V F K
N E Y A N I S I D B I O V E O
D C U V R E B C D T W K E I U
Y H E E V E Q G G N C A A W D
T N S T U U N E N X U N N K H
F O S S I E L H O T D K D I E
B E S C H A V I N G X S S L I
Y B P R O F E S S O R N Y E D
J B X T Y T I J D P E R K R D
V E R G E T E N E T C E J B O
```

ANALYSE   FOSSIEL
OUDHEID   BOTTEN
JAREN   ONDERZOEKER
BESCHAVING   MYSTERIE
NAKOMELING   OBJECTEN
ONBEKEND   VERGETEN
TEAM   PROFESSOR
TIJDPERK   RELIKWIE
EVALUATIE   TEMPEL
DESKUNDIGE   GRAF

3 - Granja #2

```
R  T  X  V  K  K  Z  J  Y  Y  F  O  S  P  A
A  R  G  J  F  J  E  Z  V  W  Y  S  C  T  G
M  N  U  D  R  A  A  G  M  O  O  B  H  B  P
A  A  X  H  U  M  M  E  A  E  L  Q  U  I  K
L  A  Ï  P  I  A  E  D  E  T  A  G  U  J  Y
M  A  L  S  T  L  L  I  V  N  Y  R  R  E  B
D  I  E  R  E  N  K  E  N  X  D  O  F  N  Z
T  H  S  C  M  E  R  W  C  G  I  E  O  K  B
T  S  D  X  R  O  T  R  N  A  I  N  H  O  S
H  O  E  E  X  Z  U  W  O  O  O  T  E  R  V
H  Z  O  H  Z  Q  X  X  N  T  G  E  R  F  E
N  V  V  B  G  T  A  R  W  E  C  F  D  U  T
I  R  R  I  G  A  T  I  E  F  K  A  E  P  A
Y  B  O  E  R  S  C  H  A  A  P  U  R  M  G
F  Z  P  P  O  P  X  B  D  G  E  R  S  T  X
```

BOER	LAMA
DIEREN	MAÏS
GERST	SCHAAP
BIJENKORF	HERDER
VOEDSEL	EEND
LAM	WEIDE
FRUIT	IRRIGATIE
SCHUUR	TRACTOR
BOOMGAARD	TARWE
MELK	GROENTE

4 - La Empresa

```
T M O G E L I J K H E I D V X
I R Y V O O R U I T G A N G B
E G E G E N E R E R E N L G W
T T L N H B E S L I S S I N G
I G A O D C R E A T I E F G Z
L G P Y B S H S A N Y Z O P W
A C E I T A T U P E R I A J U
W A T E L P A Q Y U Y N L A J
K J F C R G L L U T W K O Y K
I N N O V A T I E F K O O E U
P R E S E N T A T I E M N Q O
P R O D U C T G N R H S L I R
R I S I C O S F Y W A T K Q O
G X Z B G N I R E T S E V N I
T U U X E I R T S U D N I C P
```

KWALITEIT	ZAAK
CREATIEF	MOGELIJKHEID
BESLISSING	PRESENTATIE
GENEREREN	PRODUCT
GLOBAAL	VOORUITGANG
INDUSTRIE	REPUTATIE
INKOMSTEN	RISICO'S
INNOVATIEF	LOON
INVESTERING	TRENDS

5 - Aviones

```
X U M X M K P D O Q N D W E A
L L U C H T R B N R L P D G T
N S E M L O O T T U E Q Y C M
L E M E H O P E W U F F S G O
A M U E Y Z E M E T G O O H S
N B O M A M L O R N A T W R F
D N E T O O L I P O W S T I E
E O A M O P E B G V A D K C E
N L K V A R R O K A T N M H R
Z L I A I N S U O C E A L T Z
T A K L X G N W U M R R Y I L
A B W B N L E I P T S B D N X
G L Y A Y R O R N F T B X G X
N S C I M A E C E G O N P X W
P A S S A G I E R N F Z H M Z
```

LUCHT	ONTWERP
HOOGTE	BALLON
LANDEN	PROPELLERS
ATMOSFEER	WATERSTOF
AVONTUUR	MOTOR
HEMEL	NAVIGEREN
BRANDSTOF	PASSAGIER
BOUW	PILOOT
RICHTING	BEMANNING

6 - Tipos de Cabello

```
G O O R D G L K F B T R K V I
N E G E V R K R T Y V C R L I
A B V V Q I U U R T M W U E C
L L P L K J P L M M D Y L C C
F O A I O S C L E D N C L H Y
S N Q Z N C F E A F M H E T B
B D Q Z X G H N I U R B N E A
D N E V L O G T H C A Z D N K
C E Z P G I F I E T L U I B T
F M X S Z U D W X N J J I Y X
A M H X F W F I G E Z O N D Z
D I A T K L A A K Q F D U N V
L L T H J U Y R J I Z R E L D
Z G K X V J Y R T R O K I Z F
L M A K T O C E T A J Y L B A
```

WIT	GOLVEND
GLIMMEND	ZILVER
KAAL	KRULLEND
KORT	KRULLEN
DUN	BLOND
GRIJS	GEZOND
DIK	DROOG
LANG	ZACHT
BRUIN	GEVLOCHTEN
ZWART	VLECHTEN

7 - Ciencia Ficción

```
S C E N A R I O U T O P I E D
J I E S D E X T R E E M M F E
T X S H L N J J D K P U P A N
J U G H E E R O B O T S B N K
F U T U R I S T I S C H R T B
A U E L E S U S B D D O A A E
Z D E W W U E F V M Z R N S E
A S N U H L I I Z A H A D T L
R J A J C L R R S V M K O I D
C H L X F I E X B O W E N S I
A S P Q Z G T N U O L L Q C G
T L P O O C S O I B E P X H L
O K R M I L Y P V E R K X F G
O A O X F D M C P K V H E E M
M T E C H N O L O G I E Z N P
```

ATOOM   DENKBEELDIG
BIOSCOOP   BOEKEN
VER   MYSTERIEUS
SCENARIO   WERELD
EXPLOSIE   ORAKEL
EXTREEM   PLANEET
FANTASTISCH   ROBOTS
BRAND   TECHNOLOGIE
FUTURISTISCH   UTOPIE
ILLUSIE

8 - Granja #1

```
D N H F O C G N I N O H C L S
L R F X C K E B K K R J F K J
H J Z K Q J I B D K L O U H W
Z N H E K L T S J I R Y P X X
L J X G H R D L E V K D C E M
G A C F F K N E D A Z T I P A
U L I B P I A A R K K A L F R
A J A A T P L V Y E Y Z S I C
P R A N Z E Z E L R T V L K B
K N B K D M E S T R B A S W Q
Y E D A P B G K B G E N W Z P
R H W T H Y O J D K H O N D W
H T O B O S H U V O P A A R D
E Z T O L P O L W E L V Y Q P
K G U U I T G M I W W X T D Y
```

BIJ	KAT
LANDBOUW	HOOI
WATER	HONING
RIJST	HOND
EZEL	KIP
PAARD	ZADEN
GEIT	KALF
VELD	LAND
KRAAI	KOE
MEST	HEK

9 - Camping

```
Q Z P L E G Q X D E O H E B A
Q L S A P M O K G I Z P Y R V
S V E N X F N K A P E M C A O
J I K T C E S N I Y B R N N N
F O V A L I R K P L O L E D T
U V V A A I H X G N S T R N U
K X H R U U T A R A P P A C U
J A G N H A N G M A T O L A R
A Q A G K A N O D M A I F B U
C T M R F O P G J X U O J I U
H O V E T X Z M V O T F P N T
T U I B E B O M E N G F D E A
V W D H R R C D Q V Z E V F N
J C Z G K E J M F Y N C V N Q
S I E Y S Q P H J T B Z V U L
```

DIEREN	BRAND
AVONTUUR	HANGMAT
BOMEN	INSECT
BOS	MEER
KOMPAS	LANTAARN
CABINE	MAAN
KANO	KAART
JACHT	BERG
TOUW	NATUUR
APPARATUUR	HOED

10 - Fruta

```
C I T R O E N A J A P A P K B
A B R I K O O S R Y N V I O A
P E R Z I K B M D R U O A K N
K H V Y B C B E S I I C U O A
W I J K Z O M V H S L A I S A
H N W P N O A A K Z C D Z N N
T E E I Z E N U Z S T O H O P
V O N C Y A G G P W J H L O E
Z L R P T S O O R A N J E T E
B E H D K A Y S F V A C P M R
R M K M F N R G Q M X Z P V O
K W U M S A D I M N U Z A D P
E X B G R N Z X N L C N T B Z
R A L W D A I F V E X H I W U
S O O B M A R F I U R D J X P
```

AVOCADO

ABRIKOOS

BES

KERS

KOKOSNOOT

FRAMBOOS

GUAVE

KIWI

CITROEN

MANGO

APPEL

PERZIK

MELOEN

ORANJE

NECTARINE

PAPAJA

PEER

ANANAS

BANAAN

DRUIF

11 - Geología

```
S C L A K Z L A A G O W A G K
T B U P Y R U Y O U C C H E O
A R H P N B I U N T H H A X R
L S K M E T K S R E Z O U T A
A M G U T N N A T Y R K R M A
C G N I V E B D R A A O E R L
T Y N C V N U W O U L Y S U C
I B I L E I S S O F B L I I L
E V U A E T A L P L G K E D E
T S H C I N K W A R T S G N T
S T E E N O O O N I L A V A X
L B M I E C M I N E R A L E N
S T A L A G M I E T E N X H C
G R O T V U L K A A N E R W F
M A Z E J T F X X J B O U U Z
```

ZUUR
CALCIUM
LAAG
GROT
CONTINENT
KORAAL
KRISTALLEN
KWARTS
EROSIE
STALACTIET

STALAGMIETEN
FOSSIEL
GEISER
LAVA
PLATEAU
MINERALEN
STEEN
ZOUT
AARDBEVING
VULKAAN

12 - Álgebra

```
D  D  L  N  O  Q  F  P  J  E  S  R  V  E  A
I  B  I  U  A  E  C  R  E  S  N  W  E  X  P
A  L  N  L  W  L  Y  O  K  T  U  R  R  P  D
G  T  E  D  U  E  A  B  K  B  M  P  G  O  M
R  N  A  I  C  B  I  L  G  X  M  O  E  N  A
A  E  I  E  S  A  D  E  V  P  E  N  L  E  T
M  K  R  H  S  I  T  E  L  F  R  E  I  N  R
K  K  H  L  K  R  V  M  I  Y  U  I  J  T  I
I  E  A  E  I  A  W  I  P  B  L  N  K  Z  X
V  R  A  E  R  V  B  I  D  I  Y  D  I  I  J
X  T  K  V  F  O  R  M  U  L  E  I  N  T  C
V  F  J  E  I  T  C  A  R  F  Q  G  G  M  B
I  A  E  O  O  P  L  O  S  S  E  N  O  N  B
W  S  L  H  T  T  A  F  F  A  C  T  O  R  K
G  N  I  S  S  O  L  P  O  G  R  S  Z  D  I
```

HOEVEELHEID	ONEINDIG
NUL	LINEAIR
DIAGRAM	MATRIX
DIVISIE	NUMMER
VERGELIJKING	HAAKJE
EXPONENT	PROBLEEM
FACTOR	OPLOSSEN
VALS	AFTREKKEN
FORMULE	OPLOSSING
FRACTIE	VARIABELE

13 - Plantas

```
G  B  Z  A  L  I  U  M  S  A  R  G  L  M  R
W  E  C  S  L  E  Y  M  G  T  P  H  Y  I  O
O  O  B  F  V  P  O  H  B  V  R  I  B  E  S
R  B  B  L  G  S  Q  P  K  L  Z  U  N  S  O
T  M  L  X  A  R  O  L  F  T  A  I  I  F  M
E  A  O  P  E  D  X  V  E  L  H  D  I  K  B
L  B  E  S  D  K  E  I  T  A  T  E  G  E  V
J  T  M  M  E  S  T  R  W  C  F  M  B  E  T
D  O  J  O  T  K  R  P  T  H  W  O  E  P  C
F  B  Z  O  P  A  I  C  Q  E  A  T  O  C  C
U  D  I  B  O  O  N  I  P  U  L  U  B  O  S
O  X  W  J  M  C  A  C  T  U  S  I  S  V  T
Q  K  I  O  I  U  Y  M  Y  W  M  N  P  E  F
I  N  E  C  L  P  L  A  N  T  K  U  N  D  E
Z  L  U  R  K  B  L  O  E  M  B  L  A  D  U
```

STRUIK	GEBLADERTE
BOOM	BOON
BAMBOE	KLIMOP
BES	GRAS
BOS	BLAD
PLANTKUNDE	TUIN
CACTUS	MOS
MEST	BLOEMBLAD
BLOEM	WORTEL
FLORA	VEGETATIE

14 - Suministros de Arte

```
R E D O Y J A W L W C P W Z V
K I O T T A F E L A R O U K W
B L E O T S V Q E T E T M I K
P O E N X X V H T E A L X A L
I T R I B A E B S R T O A E E
D W M S L Y R C A O I D Q A U
E N V N T N F M P L V E U S R
E Z D Y D E I M U O I N A E E
Ë E G U F E L Q G W T N R Z N
N F Q O O V W S B Q E Y E E F
C K R Q M J I L S Z I F L L U
P A P I E R F C B G T B L Y F
C A M E R A W P K D X C E O B
O W S N L B F B S Q U C N A P
I N K T O L F Q D I D M F N C
```

OLIE	CREATIVITEIT
ACRYL	IDEEËN
AQUARELLEN	POTLODEN
WATER	TAFEL
KLEI	PAPIER
GOM	PASTEL
EZEL	LIJM
CAMERA	VERF
BORSTELS	STOEL
KLEUREN	INKT

15 - Negocio

```
K G N P K E I R B A F B V E S
R G N I T O R G E B L E A C W
R I I K V I S W B R Z L L Z E
D A P L U M L T O I C A U X R
L X A F Q W Y B E E B S T W K
X S K W W W U G E N H T A F N
I N V E S T E R I N G I T E E
F E K J U L E K N I W N B C M
G Y I U S N E B M U B G E O E
K A N T O O R D A V P E D N R
K O R T I N G L N A K N R O B
W E R K G E V E R A N K I M P
V E R K O O P G E X H I J I Y
C A R R I È R E X C Z Q F E S
T R A N S A C T I E A H O E F
```

CARRIÈRE   INVESTERING
KOSTEN   HANDELSWAAR
KORTING   VALUTA
GELD   KANTOOR
ECONOMIE   BEGROTING
WERKNEMER   WINKEL
WERKGEVER   BAAN
BEDRIJF   TRANSACTIE
FABRIEK   VERKOOP
BELASTINGEN

16 - Jardín

```
H A Y G H A N G M A T M B H I
D I U R K N O I N V S T O N F
F N Y A E P B O U T P G O V B
X H W S H E Q O Y T M W M F Y
T R A M P O L I N E K Y G V H
Z L F Q E S A B A N Z X A O J
F K P E P S X F U Y B H A L F
G R O Q B A N K Y I A V R X F
N A V I J V E R B H L X D T Y
A H Z X A W M F T W K D Y E H
L O X O P E E G A R A G R O
S V U N N D O G D U P B T R M
Z W U Q R F L G B O O M N A O
S C H O P A B J X T B P U S N
P W V E R A N D A S T R U I K
```

STRUIK   TUIN
BOOM   ONKRUID
BANK   SLANG
GAZON   SCHOP
VIJVER   VERANDA
BLOEM   HARK
GARAGE   BODEM
HANGMAT   TERRAS
GRAS   TRAMPOLINE
BOOMGAARD   HEK

17 - Países #2

```
D N A L S U R C E O L N I S A
E A M O D N C H F O L A Z D X
N P P E V M C E C S E D O H W
E A K T X V T P P T V I N S D
M J A M X I Ë I S E N O D N I
A X S U K D C I I N E S P R N
R A N T F Y R O L R T Y A A A
K P O R T U G A L I H R K U B
E N Ï A R K E O L J I I S L
N S O E D A N A Q K O Ë S T A
F R A N K R I J K Y P L T R J
J J A M A I C A G P I M A A U
I E R L A N D I L D Ë B N L Q
G R I E K E N L A N D Y A I E
O E G A N D A R H D F U R Ë P
```

ALBANI
AUSTRALIË
OOSTENRIJK
DENEMARKEN
ETHIOPIË
FRANKRIJK
GRIEKENLAND
INDONESIË
IERLAND
JAMAICA

JAPAN
LAOS
MEXICO
PAKISTAN
PORTUGAL
RUSLAND
SYRIË
SOEDAN
OEKRAÏNE
OEGANDA

18 - Números

```
N D Z N E G E N T I E N A M Z
Y K K E X Z T B R R W H C F E
M N C T S M C F P P W G H J V
C H I J H T H Y S T B S T C E
T E I V Z G I T N I W T T I N
Z U D U I V A E A C H T I Z T
U A P T Z J I E N V S E E E I
T W A A L F F E X I I Z N S E
L H Z N X T O I R J Y E E Z N
F X W Z F W N R A F T V I A C
Y X E H A E E D T T I E T C A
J I H R G E G O Q I E N R Z H
N N E I T R E D B E N G E R W
Y U H X F O N J K N Z V E M T
F L A A M I C E D M G A V H T
```

VEERTIEN   TWAALF
NUL   TWEE
VIJF   NEGEN
VIER   ACHT
DECIMAAL   VIJFTIEN
NEGENTIEN   ZES
ACHTTIEN   ZEVEN
ZESTIEN   DERTIEN
ZEVENTIEN   DRIE
TIEN   TWINTIG

19 - Física

```
F F M A S S A I M Z R E E B O R
R B O T K F R S A W E O J D T
E G P R C B F M G A L E T O X
Q A B A M R N W N A A T L O K
U S V T B U Y G E R T N E S M
E N V O L U L F T T I U E N O
N E L O L Q Z E I E V C D E M
T H U M F W B T S K I L E L Z
I C U K U S Q A M R T E L H F
E S C H A O S E E A E A E E A
D I E H T H C I D C I I K I L
W M L F O S V Y F H T R T D X
W E O V P B L E J T G L R E J
L H M M E C H A N I C A O L L
X C L E L E E S R E V I N U A
```

ATOOM	MECHANICA
CHAOS	MOLECUUL
DICHTHEID	MOTOR
ELEKTRON	NUCLEAIR
FORMULE	DEELTJE
FREQUENTIE	CHEMISCH
GAS	RELATIVITEIT
ZWAARTEKRACHT	UNIVERSEEL
MAGNETISME	SNELHEID
MASSA	

20 - Belleza

```
E O A A L X Q X R A A H C S L
L U R N E N N I Z R E V O H I
E O A U G E Y T Z U D V S A P
G Z C J E M R A H C A Q M M P
A A S T I L I S T E N V E P E
N E A H P W K H Y C E U T O N
T L M S S V E R U E G P I O S
N E T S N E I D W I F R C I T
E G M Y R T N G T G D O A M I
L A B M Y J E B Y E N D K J F
L N Z V I C G Y T G A U J Q T
U T E N W X O F C G V C H L S
R I J E U S T X M O M T A F M
K E P N Z L O A E A M E H G M
O L I Ë N L F C A D Q N X R M
```

OLIËN	GEUR
SHAMPOO	GENADE
KLEUR	VERZINNEN
COSMETICA	HUID
ELEGANTIE	LIPPENSTIFT
ELEGANT	PRODUCTEN
CHARME	KRULLEN
SPIEGEL	MASCARA
STILIST	DIENSTEN
FOTOGENIEK	SCHAAR

21 - Países #1

```
E  T  E  U  F  N  E  N  J  I  P  I  L  I  F
G  L  I  B  I  Ë  L  C  S  N  H  D  P  T  C
Y  N  V  F  L  X  X  X  Z  M  Y  T  P  A  A
P  O  E  D  B  O  G  T  T  H  Q  Z  A  L  N
T  O  N  R  U  M  M  U  M  J  M  J  N  I  A
E  R  E  Z  Ë  I  L  I  Z  A  R  B  A  Ë  D
G  W  Z  X  I  N  T  Z  Z  U  L  M  M  I  A
L  E  U  V  N  I  F  S  B  I  M  I  A  G  O
E  G  E  Z  I  C  W  A  L  Z  N  C  R  L  M
C  E  L  H  T  A  B  L  G  A  W  D  I  E  A
U  N  A  T  N  R  U  C  E  E  N  L  I  B  R
A  A  P  I  E  A  C  R  X  B  A  D  R  A  O
D  V  A  N  G  G  S  P  A  N  J  E  K  L  K
O  E  S  A  R  U  D  N  O  H  M  Q  G  K  K
R  N  O  B  A  A  P  O  L  E  N  F  R  K  O
```

DUITSLAND	INDIA
ARGENTINIË	ITALIË
BELGIË	LIBIË
BRAZILIË	MALI
CANADA	MAROKKO
ECUADOR	NICARAGUA
EGYPTE	NOORWEGEN
SPANJE	PANAMA
FILIPIJNEN	POLEN
HONDURAS	VENEZUELA

22 - Mitología

```
A I F B D D A C A N H R O C U
D F O H L O O D L E H K V U H
X C P B C I K Y Y S J G E L V
G F M V E Z K A H X A Z R T L
X E H U P Y J S N F L S T U R
C P C R Y N I W E A O F U U D
U Y R A T X L D Z M E I I R G
K K E M E K E Y E P Z B G L O
K W A P H A F M W K I L I E D
R K T H C A R K O G E R N G H
Z Q I Z R R E E F N W V G E E
B P E S A W T D D K S W E N D
G E D R A G S F F N B T N D E
K R I J G E R L I I O D E E N
N W N O M H E M E L V D M R O
```

ARCHETYPE   KRACHT
JALOEZIE   KRIJGER
HEMEL   HELD
GEDRAG   DOOLHOF
CREATIE   LEGENDE
OVERTUIGINGEN   MONSTER
WEZEN   STERFELIJK
CULTUUR   BLIKSEM
GODHEDEN   DONDER
RAMP   WRAAK

23 - Casa

```
L Q A L V T S D T H T U G Y Q
W G B M L U P O A T K E M N S
H F B W O I I U P K E L D E R
M U U R E N E C I Z D I W K U
N G O Y R A G H J B O A V U E
Z N J T E A E E T T H L K E D
H A A R D R L O J D D Y D K W
C M M E J K L B M I A P G E V
B I B L I O T H E E K E Y H R
Z C D C O B J Y Z E L E Z I W
G W G A R A G E E L Q M D A C
H I R Z K A C F B C A E X A E
R A A M L G K H F H X M I T L
A X D U D K R M L E F N P Y V
S L A A P K A M E R V N N W C
```

TAPIJT	KRAAN
ZOLDER	TUIN
BIBLIOTHEEK	LAMP
HAARD	MUUR
KEUKEN	VLOER
SLAAPKAMER	DEUR
DOUCHE	KELDER
BEZEM	DAK
SPIEGEL	HEK
GARAGE	RAAM

24 - Artes Visuales

```
B G N I L L E T S N E M A S R
E X Y P A H U W F C L F F C F
E F P P O N J F D S U N M H Y
L I T E R T R O P Y I Y V I W
D L K R E W R E T S E E M L A
H M L S K C W R S I M Y L D S
O N Q P L T A B E N B B W E S
U D R E E D T J I R K F Y R T
W O V C I E C D T E P O Q I E
W O O T O F Y O R V D E G J N
E L B I T R J S A E A Z N H C
R T I E T I V I T A E R C D I
K O Y F E Z E L O M B O J T L
T P K A R C H I T E C T U U R
K E R A M I E K O X R T E U Q
```

KLEI	FOTO
ARCHITECTUUR	POTLOOD
ARTIEST	MEESTERWERK
VERNIS	FILM
EZEL	PERSPECTIEF
WAS	SCHILDERIJ
KERAMIEK	STENCIL
SAMENSTELLING	PEN
CREATIVITEIT	PORTRET
BEELDHOUWWERK	KRIJT

25 - Salud y Bienestar #2

```
E D N O Z E G M Z P G M Q S Z
E E I B P Z Z G V R C A Z E I
T O L E N Ë I G Y H Z S Z I E
L L D Z E E Q C A F W S M W K
U B X B V T N D A W B A V N E
S S T R E S S E H L V G V A N
T J E K S M G K R E O E T C H
H H E R S T E L P G P R E I U
C A N A T O M I E T I N I T I
I D E H Y D R A T I E E T E S
W A L L E R G I E W I K C N N
E Z I E K T E Y M W K K E E U
G N I D E O V N B O T B F G Y
V I T A M I N E Z H W H N U C
Y K M O N G S V N L P J I W G
```

ALLERGIE

ANATOMIE

EETLUST

CALORIE

DEHYDRATIE

DIEET

ENERGIE

ZIEKTE

STRESS

GENETICA

HYGIËNE

ZIEKENHUIS

INFECTIE

MASSAGE

VOEDING

GEWICHT

HERSTEL

GEZOND

BLOED

VITAMINE

26 - Selva Tropical

```
J  H  V  V  V  P  Q  K  L  I  M  A  A  T  L
O  V  E  R  L  E  V  I  N  G  M  I  T  P  G
G  E  M  E  E  N  S  C  H  A  P  X  C  N  H
T  C  D  V  D  I  V  E  R  S  I  T  E  I  T
R  E  S  T  A  U  R  A  T  I  E  F  P  S  N
W  O  L  K  E  N  B  O  T  A  N  I  S  C  H
M  W  I  L  L  E  E  J  H  N  Y  H  E  A  I
O  A  N  W  G  R  T  M  C  P  F  R  R  M  N
S  A  S  I  N  E  B  R  U  U  T  A  N  F  H
L  R  E  K  U  I  E  S  L  V  R  U  A  I  E
E  D  C  M  J  D  H  L  V  I  O  E  U  B  E
G  E  T  R  Q  G  O  L  E  U  O  T  E  I  M
O  V  E  C  V  O  U  D  O  I  S  N  Z  E  S
V  O  N  X  N  O  D  J  T  N  D  Y  V  Ë  F
A  L  W  G  M  Z  K  D  Y  J  V  D  Y  N  K
```

AMFIBIEËN	NATUUR
BOTANISCH	WOLKEN
KLIMAAT	VOGELS
GEMEENSCHAP	BEHOUD
DIVERSITEIT	TOEVLUCHT
SOORT	RESPECT
INHEEMS	RESTAURATIE
INSECTEN	JUNGLE
ZOOGDIEREN	OVERLEVING
MOS	WAARDEVOL

27 - Adjetivos #1

```
A A E A O N S C H U L D I G N
G A R K M B E L A N G R I J K
R R N O H B U U F J X H A J Z
O L S T M Q I G X X H Q B O W
O O D T R A A T S X R J S N A
T V N G E E T U I L S J O G A
Z E X D D Q K I T E X C L I R
P D E O L Y L K S J U L U T M
M R O N E A R J E C D S U S O
I A G K H C U I C L H Q T N D
J A Z E D T D L Y H I H F R E
G W F R W I J R C M A J C E R
D S Z A Z E V E J G H K K Y N
G F O F Z F P E R F E C T L L
W Y P L A N G Z A A M B T G B
```

ABSOLUUT	BELANGRIJK
ACTIEF	ONSCHULDIG
AMBITIEUS	JONG
AROMATISCH	LANGZAAM
AANTREKKELIJK	MODERN
HELDER	DONKER
ENORM	PERFECT
GUL	ZWAAR
GROOT	ERNSTIG
EERLIJK	WAARDEVOL

28 - Familia

```
M  K  C  O  A  B  W  O  A  P  C  A  Q  V  G
J  O  J  O  V  D  H  R  X  G  C  N  J  J  R
H  M  E  M  S  K  L  E  I  N  Z  O  O  N  O
V  L  T  D  J  U  V  O  R  I  A  H  P  V  O
Z  U  S  W  E  X  R  R  V  L  M  M  V  A  T
Z  J  C  N  D  R  O  B  R  E  D  A  V  D  M
L  I  P  G  O  N  U  Y  X  E  G  K  R  E  O
K  I  N  D  C  I  W  N  G  W  U  I  D  R  E
V  Z  D  P  H  C  H  G  E  T  E  N  W  L  D
Z  G  C  Y  T  H  D  R  L  E  J  D  H  I  E
F  C  Z  A  E  T  K  M  T  M  F  E  T  J  R
R  N  I  P  R  X  Q  K  O  W  E  R  A  K  V
V  L  F  N  B  S  D  P  M  U  V  E  N  Y  M
D  F  O  P  A  W  Z  T  R  R  K  N  T  T  G
V  O  O  R  O  U  D  E  R  I  X  P  E  K  J
```

GROOTMOEDER   MAN
OPA   KLEINZOON
VOOROUDER   KIND
VROUW   KINDEREN
TWEELING   VADER
ZUS   VADERLIJK
BROER   NICHT
DOCHTER   NEEF
JEUGD   TANTE
MOEDER   OOM

29 - Disciplinas Científicas

```
C M M P L A N T K U N D E F Y
H E E I G O L O H C Y S P Y E
E C I Z N B I O L O G I E S H
M H M O I E I M O T A N A I E
I A E Ö D I R G R T F V I O I
E N H L E G T A E A A I S L G
F I C O O O G A L O G X S O O
M C O G V L C J A O L Q D G L
W A I I I O J B V L G O X I O
Y C B E D I Z X N M K I G E R
A I L O E C C H H W F U E I O
E I G O L O E H C R A V N X E
A E K H N S S T K N H R G D T
O L E E C O L O G I E E X H E
N E U R O L O G I E M G N P M
```

ANATOMIE
ARCHEOLOGIE
BIOLOGIE
BIOCHEMIE
PLANTKUNDE
ECOLOGIE
FYSIOLOGIE
GEOLOGIE
TAALKUNDE

MECHANICA
METEOROLOGIE
MINERALOGIE
NEUROLOGIE
VOEDING
PSYCHOLOGIE
CHEMIE
SOCIOLOGIE
ZOÖLOGIE

30 - Cocina

```
Q  M  S  E  E  T  S  T  O  K  J  E  S  D  B
K  F  P  U  C  N  Q  W  N  S  J  G  H  E  K
Y  S  E  C  B  A  W  M  Y  D  E  X  T  G  O
K  W  C  V  U  S  C  H  O  R  T  R  U  T  D
B  Z  E  O  P  P  O  V  E  N  B  L  V  T  E
Y  U  R  R  U  T  F  F  Z  I  E  E  F  E  C
M  E  I  K  I  O  U  A  K  Q  L  S  X  P  T
R  T  J  E  U  T  N  I  K  A  M  D  S  L  K
E  E  E  N  V  G  Y  F  F  R  L  E  T  E  K
C  N  N  S  M  T  S  A  K  L  E  O  K  P  M
E  A  E  C  O  C  P  X  I  L  J  V  G  E  O
P  X  L  C  N  H  O  V  U  I  Y  U  H  L  K
T  J  H  F  P  S  N  F  R  R  F  D  G  L  Q
L  E  P  E  L  S  S  E  K  G  V  H  P  O  P
V  R  I  E  Z  E  R  I  W  E  J  S  K  P  M
```

KETEL	OVEN
ETEN	KRUIK
VOEDSEL	EETSTOKJES
VRIEZER	GRILL
LEPELS	RECEPT
POLLEPEL	KOELKAST
MESSEN	SERVET
SCHORT	CUP
SPECERIJEN	KOM
SPONS	VORKEN

31 - Salud y Bienestar #1

```
H  U  J  T  W  C  E  Z  V  Q  T  F  W  V  I
I  T  I  H  E  E  F  J  G  V  I  P  N  I  H
R  E  F  L  E  X  K  H  O  O  G  T  E  R  E
A  N  E  R  E  I  P  S  D  Q  P  N  L  U  A
P  Ë  A  M  E  D  I  C  I  J  N  S  P  S  P
S  I  L  C  O  R  K  E  I  N  I  L  K  H  O
G  R  W  Q  T  H  O  N  G  E  R  W  U  T  T
A  E  E  G  N  I  L  E  D  N  A  H  E  B  H
D  T  W  D  C  L  E  M  I  O  I  O  R  I  E
L  C  Q  O  B  O  W  F  U  M  G  D  B  Q  E
Q  A  S  F  O  N  W  H  H  R  W  G  U  I  K
O  B  G  I  N  N  I  B  V  O  G  P  B  O  A
D  O  K  T  E  R  T  O  D  H  H  R  A  U  H
B  O  T  T  E  N  D  E  I  P  A  R  E  H  T
O  N  T  S  P  A  N  N  I  N  G  U  S  Z  Y
```

ACTIEF	BOTTEN
HOOGTE	MEDICIJN
BACTERIËN	SPIEREN
KLINIEK	HUID
DOKTER	HOUDING
APOTHEEK	REFLEX
BREUK	ONTSPANNING
HONGER	THERAPIE
GEWOONTE	BEHANDELING
HORMONEN	VIRUS

32 - Adjetivos #2

```
D R O O G I H D N O Z E G B N
B U Z G M Z G Z I X B I I E A
T C X Y U F A O E L E M T S T
N O R M A A L E U Z B E T C U
A L D Z O U T T W B E Q I H U
G G R R Y B M O E F R A P R R
E E V A A Z A E X K O E E I L
L F I A S M T M B O E B C J I
E E S B T T A X S U M R U V J
M I M T O K E T F M D Y A E K
Y T Q E R I I R I N Y Z T N Z
D A Y E T W B A K S R E V D V
W E X V W D D J Q Z C T L D Y
P R O D U C T I E F G H W R L
P C I N T E R E S S A N T V M
```

MOE	INTERESSANT
EETBAAR	NATUURLIJK
CREATIEF	NORMAAL
BESCHRIJVEND	NIEUW
DRAMATISCH	TROTS
ZOET	PITTIG
ELEGANT	PRODUCTIEF
BEROEMD	ZOUT
VERS	GEZOND
STERK	DROOG

33 - Cuerpo Humano

```
O H O O F D N G O O B E L L E
O U I H L E K N E M W Z L O P
R S D E H D D O N Z B Q H K F
O O G R P V J T E E I Z U N W
W D A S B X B S Z E K C T I Q
E G M E H Z X E O F E G H E B
M A Q N A H H P E X K I N T L
O G C E N M Z K V N Z N S R O
N V A N D S C H O U D E R A E
D I U H P L E R A O K N D H D
E N R E X N D Q A K O J M C U
D G P D G P F J R V N W Z G A
L E F G R U C X T S E N T Y R
K R V L W J U M X U U C H T X
S W Z E H C J H R V S L P C E
```

KIN   TONG
MOND   HAND
HOOFD   NEUS
GEZICHT   OOG
HERSENEN   OOR
ELLEBOOG   HUID
HART   BEEN
NEK   KNIE
VINGER   BLOED
SCHOUDER   ENKEL

34 - Calentamiento Global

```
U  G  S  I  S  I  R  C  T  H  O  K  R  M  O
C  Y  F  N  E  N  E  R  G  I  E  V  N  U  N
G  B  E  D  E  D  R  W  H  H  Y  R  U  V  T
A  A  B  U  N  G  N  I  V  E  G  T  E  W  W
S  S  X  S  D  G  L  L  K  B  D  H  R  P  I
X  A  C  T  D  S  S  O  R  T  Y  G  E  O  K
T  P  J  R  A  Y  E  A  V  Q  Q  E  G  P  K
A  O  U  I  N  A  O  W  F  E  K  G  E  U  E
A  N  E  E  P  O  N  J  J  P  G  E  R  L  L
M  D  I  K  M  V  X  D  Q  E  X  V  I  A  I
I  M  L  H  O  M  E  X  A  Y  D  E  N  T  N
L  K  I  J  F  M  K  D  P  C  X  N  G  I  G
K  S  M  L  E  S  S  O  U  K  H  S  S  E  O
N  U  W  H  C  S  I  T  C  R  A  T  K  S  Z
V  E  R  A  N  D  E  R  I  N  G  E  N  F  W
```

NU	ONTWIKKELING
MILIEU	ENERGIE
AANDACHT	TOEKOMST
ARCTISCH	GAS
VERANDERINGEN	REGERING
KLIMAAT	INDUSTRIE
GEVOLGEN	WETGEVING
CRISIS	POPULATIES
GEGEVENS	

35 - Ciencia

```
N M O G E V F T F L O L E P N
K A O C Y U G A P V R A V L A
J E T L U Q N T D E G B O A T
F X U U E F R O U J A O L N U
O P W Y U C Q O Y O N R U T U
S E G C D R U M F X I A T E R
S R B C M E X L I J S T I N K
I I S N E V E G E G M O E C U
E M C Y F H B L W N E R P H N
L E R E D T T C T L Q I J E D
F N K L I M A A T J H U A M E
P T X L P E D O H T E M R I M
O I H Y P O T H E S E S J S R
W E T E N S C H A P P E R C U
U F N M I N E R A L E N C H M
```

ATOOM
WETENSCHAPPER
KLIMAAT
GEGEVENS
EVOLUTIE
EXPERIMENT
NATUURKUNDE
FOSSIEL
FEIT
HYPOTHESE

LABORATORIUM
METHODE
MINERALEN
MOLECULEN
NATUUR
ORGANISME
DEELTJES
PLANTEN
CHEMISCH

36 - Restaurante #2

```
L S D N F S F S I V X U E U A
B E R X M O C R O S A L A D E
W M P U Z B T E U E O A D R P
H Y H E P E C N B I P J C H P
F W F H L R Q I L Y T C P Z B
C O E S Q A P D S T O E L Y H
H C N U L S P E C E R I J E N
E T N E O R G S D E C A K E V
E A C H C C E Y R I O S L M O
R H Q K Z Q B K A E Z H W Q R
L E H Y O I J S N R E T A W K
I B E M U J C B K E H V Q W F
J U P B T X N A R N W E I S U
K X G D J B B U G J S G G F Y
T G I V V O O R G E R E C H T
```

WATER	FRUIT
LUNCH	IJS
VOORGERECHT	EIEREN
DRANK	CAKE
OBER	VIS
DINER	ZOUT
LEPEL	STOEL
HEERLIJK	SOEP
SALADE	VORK
SPECERIJEN	GROENTE

37 - Profesiones #1

```
B Z W B X B J W C Q R S G A L
A R E G A J O W U V S E E T O
S E A S T N A K I Z U M O L O
T T P N X L K K J H Y M L E D
R K N L D L R I H T G D O E G
O O U Z Y W U V E O Y O O T I
N D Z E U P E R H R T R G A E
O F R B I I D E W W Z F P A T
O A E C M A A I R I R T I C E
M B N D K X S L E M I A A O R
E D I T O R S E S F A K N V R
D L A O C N A W N S H N I D Q
F Y R G V D B U A P R Z S A O
Y F T F Y O M J D J M W T J V
C D X P Q F A A R G O T R A C
```

ADVOCAAT	EDITOR
ASTRONOOM	AMBASSADEUR
ATLEET	TRAINER
DANSER	LOODGIETER
BANKIER	GEOLOOG
BRANDWEERMAN	JUWELIER
CARTOGRAAF	MUZIKANT
JAGER	PIANIST
DOKTER	

38 - Vehículos

```
Q S C O Q M V K Q A P B P D S
O T U A N N X L J X Z O T M H
T N U U P N R X I E Y O J K U
O A D Q M U A E O E Q T Q D T
O B M E V F K O C C G F I U T
B U S B R M E Q X R O T O M L
R D T E U Z T T U X X O U M E
E K E L U L E W N B W L A I C
E G I P W B A E Q K H V U K G
V G F L O H M N Ë T A X I K Y
C A R A V A N Y C R T R E I N
T R A C T O R F N E D N A B U
H E L I K O P T E R J V Q K U
U U Z M E T R O W N B E P A J
V R A C H T A U T O S R S S X
```

AMBULANCE	VEERBOOT
BUS	HELIKOPTER
VLIEGTUIG	SHUTTLE
VLOT	METRO
BOOT	MOTOR
FIETS	BANDEN
VRACHTAUTO	ONDERZEEËR
CARAVAN	TAXI
AUTO	TRACTOR
RAKET	TREIN

39 - Geometría

```
D A U B H T L H X K K M C R V
H I P R O P O R T I E A S Y E
O O M L M X S O H B S S E U R
E H K E O H E I R D E S G M G
K B A L N I V C R V M A M E E
U L L L B S R R X P K V E D L
K S V A H E I R O E H T N I I
D Y R R O V R E M M U N T A J
I M E A O R N E C G F H S A K
A M P P G U Z J K Y I D Y N I
M E P V T C V Y M E K K C Q N
E T O H E B G C Q R N U S M G
T R P L P D K C D A C I G O L
E I V E R T I C A A L T N O U
R E H O R I Z O N T A A L G Y
```

HOOGTE
HOEK
BEREKENING
CURVE
DIAMETER
DIMENSIE
VERGELIJKING
HORIZONTAAL
LOGICA
MASSA

MEDIAAN
NUMMER
PARALLEL
PROPORTIE
SEGMENT
SYMMETRIE
OPPERVLAK
THEORIE
DRIEHOEK
VERTICAAL

40 - Vacaciones #2

```
B L Q D V A D H T W V J R R L
V E F W B L S D Q E D P E E U
R T S T R E I N R V N L I S C
I O O T L Q Q A E E A T S E H
J H T S E B N L D R R N Y R T
E K O W J M T I N V T A L V H
T S F S X S M E A O S R R E A
I A H E V T F I L E C U V R V
J Z K A A R T D N R Y A A I E
D S E A B O W Y E G K T K N N
H F Y E I O B T T A O S A G D
I M W J O P L A I D E E N E M
J Z M D D S T X U H F R T N Y
B L Y R B A D I B M U S I V F
D L F L N P H S U D P X E N C
```

LUCHTHAVEN
TENT
BESTEMMING
BUITENLANDER
FOTO'S
HOTEL
EILAND
KAART
ZEE
VRIJE TIJD

PASPOORT
STRAND
RESERVERINGEN
RESTAURANT
TAXI
VERVOER
TREIN
VAKANTIE
REIS
VISUM

41 - Baile

```
V K C V R I E T Z R U S N E X
L P U I E H D R E D V S H M S
V C L S P G A A U D M Z U O P
Z W T U E S N D B H X F H T R
T X U E T K E I S S A L K I I
C I U E I S G T D O D F F E N
B U R L T P N I K U N S T Z G
P M L H I N I O X I O K D L E
W A Y T E S G N D O Y H N B N
Q A R G U V E E M T I R T M X
A H J T Z R W E B L I J R U M
R C L Z N Q E L R E K V N Z R
P I X L M E B E X Z V X X I G
K L K V K D R E L O R N Z E O
A C A D E M I E S S Z Y Y K W
```

ACADEMIE   GENADE
BLIJ   BEWEGING
KUNST   MUZIEK
KLASSIEK   HOUDING
LICHAAM   RITME
CULTUUR   SPRINGEN
CULTUREEL   PARTNER
EMOTIE   TRADITIONEEL
REPETITIE   VISUEEL

42 - Matemáticas

```
D E C I M A A L O B C C P Y V
V I S V E E L H O E K Y A X I
E T Y T P L K E O H E I R D E
R C M S G V O L U M E M A U R
G A M P I L I F V Q G B L L K
E R E C D I A M E T E R L W A
L F T I N F T A T S X T E D N
I D R J U C N N R K W H L L T
J C I F K K E O H T H C E R R
K E E E N I N L Y L S E Z N H
I E Q R E N O Q I K E R T M O
N P N S K Q P J D F V D A V E
G W X D E X X R B A X O N J K
L O Q X R U E D T Q S O K D E
G E O M E T R I E F U L S F N
```

REKENKUNDIG   GEOMETRIE
HOEKEN   CIJFERS
OMTREK   PARALLEL
VIERKANT   LOODRECHT
DECIMAAL   VEELHOEK
DIAMETER   STRAAL
VERGELIJKING   RECHTHOEK
BOL   SYMMETRIE
EXPONENT   DRIEHOEK
FRACTIE   VOLUME

43 - Restaurante #1

```
L  R  E  S  E  E  L  V  T  K  L  X  T  D  I
O  E  N  E  K  U  E  K  N  O  X  P  U  B  N
N  S  C  R  R  F  N  H  N  M  J  C  R  R  G
G  E  S  V  K  Q  L  E  S  D  E  O  V  O  R
T  R  T  E  J  M  E  S  M  H  A  K  F  O  E
U  V  E  E  J  T  E  O  T  Q  O  G  W  D  D
J  E  U  R  E  I  S  S  A  K  B  F  Q  H  I
E  R  Z  S  W  L  U  S  E  R  V  E  T  F  Ë
G  I  T  T  I  P  A  F  I  B  S  W  I  B  N
G  N  G  E  O  I  S  W  F  T  X  I  S  V  T
G  G  H  R  N  K  S  B  F  K  T  U  N  J  E
C  O  O  P  E  E  N  O  O  T  O  D  R  K  N
X  C  H  H  U  L  M  R  K  L  P  X  H  J  O
V  M  K  H  C  P  L  D  D  D  T  B  L  H  C
H  T  R  K  L  N  B  A  J  M  E  S  A  Y  F
```

ALLERGIE	MENU
KOFFIE	BROOD
KASSIER	PITTIG
SERVEERSTER	BORD
VLEES	KIP
KEUKEN	TOETJE
ETEN	RESERVERING
VOEDSEL	SAUS
MES	SERVET
INGREDIËNTEN	KOM

44 - Profesiones #2

```
X M Z L F M U K Z M Z Z D I I
V H W E B I N C W J F O E X N
J D G R T X L R I I Q Ö T O G
U C F A A R G O T O F L E U E
D B R A M U E I S B R O C I N
P T S R E O B D A O L O T T I
A S T R O N A U T R O G I V E
S I W C R R G L P N T F V I U
C L N T S Ï U G N I L S E N R
H A T A N D A R T S L S I D N
I N A M N I U T U J R O P E T
L R O T A R T S U L L I O R W
D U B I O L O O G M V N T T Q
E O O N D E R Z O E K E R P C
R J I P C H I R U R G S O R G
```

BOER   UITVINDER
ASTRONAUT   ONDERZOEKER
BIOLOOG   TUINMAN
CHIRURG   LINGUÏST
TANDARTS   ARTS
DETECTIVE   JOURNALIST
FILOSOOF   PILOOT
FOTOGRAAF   SCHILDER
ILLUSTRATOR   LERAAR
INGENIEUR   ZOÖLOOG

45 - Senderismo

```
K  B  L  U  S  E  X  V  F  K  V  O  K  Z  Y
O  L  B  P  D  H  H  E  Q  A  O  H  G  D  E
W  F  I  L  K  C  P  O  T  M  O  H  F  U  S
R  A  M  M  V  A  Q  R  G  P  R  K  K  C  F
D  W  T  R  A  A  K  I  H  E  B  J  D  M  L
I  S  R  E  M  A  U  Ë  R  R  E  O  M  B  R
E  F  T  M  R  Q  T  N  Y  E  R  F  I  D  D
R  U  I  E  R  U  U  T  A  N  E  K  R  A  P
E  B  M  P  N  X  U  A  Y  U  I  D  L  I  W
N  F  C  M  N  E  O  T  H  D  D  U  A  T  K
S  O  V  T  R  I  N  I  A  B  I  Y  A  A  C
B  E  R  G  W  I  W  E  S  T  N  L  R  C  D
V  P  X  G  I  D  S  E  N  H  G  G  Z  Z  M
M  U  G  G  E  N  Z  W  A  A  R  V  E  X  V
F  H  E  W  Z  X  F  Z  O  N  D  A  N  T  V
```

KLIF	BERG
WATER	MUGGEN
DIEREN	NATUUR
LAARZEN	ORIËNTATIE
KAMPEREN	PARKEN
MOE	ZWAAR
KLIMAAT	STENEN
TOP	VOORBEREIDING
GIDSEN	WILD
KAART	ZON

46 - Naturaleza

```
G I D R H C S I P O R T S I M
L J S I R X C W N S K L X M U
E X E V E G H M E T Y W L U O
T M R I I B O K S A F O H N T
S Q E E U S O R D A H B G T X
J Y E R O S N B L L A D D A D
E B N E R S H W D P H N E R Y
R O O E T R E D A L B E G C N
X O E S G G I V S I V R W T A
E W O K J U D E B U V E D I M
W M O D G I L I E H W I W S I
G I S L A L S S M C I D K C S
A S L K K E T O I S Z S J H C
N D R D W E I R R U S T I G H
V I T A A L N E J I B N U N R
```

BIJEN

DIEREN

ARCTISCH

SCHOONHEID

BOS

DYNAMISCH

EROSIE

GEBLADERTE

GLETSJER

MIST

WOLKEN

RUSTIG

SCHUILPLAATS

RIVIER

WILD

HEILIGDOM

SEREEN

TROPISCH

VITAAL

47 - Conduciendo

```
K M B N R E G N A G T E O V T
A O V E R K E E R X K L G R D
A T R M V Z I J W E G A R A G
R O A M S N E L H E I D E C I
T R H E P O L I T I E K O H H
R F B R A N D S T O F N V T C
K I Q Z K L I E O R K R R A L
L E N N U T E A U T O M E U I
G T Y V L K H S D D I O V T C
E S E M E G G V T C F T L O E
V K L V G U I W X R U O S M N
A Q G R N V L I G C A R G N T
A Y V T O J I X Q A S A K H I
R A K Q Y E E P E G S U T E E
H D X N S F V L E L I R A V O
```

ONGELUK	MOTORFIETS
STRAAT	MOTOR
VRACHTAUTO	VOETGANGER
AUTO	GEVAAR
BRANDSTOF	POLITIE
REMMEN	VEILIGHEID
GARAGE	VERVOER
GAS	VERKEER
LICENTIE	TUNNEL
KAART	SNELHEID

48 - Ballet

```
O D I T Z B A L L E R I N A E
R S N S W E N R M H L F I I X
K I X C F Y M S U A L P P A P
E K K N Z B F T Z Z H N R K R
S A E D A U K J I T K A R P E
T E I F A R G O E R O H C H S
X N L M L O F Z K F T E Q K S
Q H B J J K Q S R E S N A D I
X E U P I Q I K P L A U Y I E
R E P E T I T I E I R V P Q F
A R T I S T I E K N E S S E L
V A A R D I G H E I D R G T O
C O M P O N I S T V W O E N A
G E B A A R C N M O H S Y N A
I N T E N S I T E I T L I K C
```

APPLAUS   GEBAAR
ARTISTIEK   VAARDIGHEID
PUBLIEK   INTENSITEIT
BALLERINA   LESSEN
DANSERS   SPIEREN
COMPONIST   MUZIEK
CHOREOGRAFIE   ORKEST
REPETITIE   PRAKTIJK
STIJL   RITME
EXPRESSIEF

49 - Fuerza y Gravedad

```
W R I J V I N G M T Q V S P N
V G E W I C H T Z I X N V L A
D Y N A M I S C H J J F G A T
A F S T A N D I G D R Y I N U
U I T B R E I D I N G Z Y E U
O M S C A S P K U E A J N T R
N A N Y A D G N N M Q V L E K
T G E K C P O S I M A W M N U
D N L W I Y M O V O B E F O N
E E H I N E U I E D B K U R D
K T E K A X R Z R N Y A J J E
K I I P H H T I S E O V A R F
I S D A C Z N C E G L Q J N Z
N M M I E H E E E I F Z R B E
G E O L M T C E L E C D H C L
```

CENTRUM   OMVANG
ONTDEKKING   MECHANICA
DYNAMISCH   BAAN
AFSTAND   GEWICHT
AS   PLANETEN
UITBREIDING   DRUK
NATUURKUNDE   EIGENDOMMEN
WRIJVING   TIJD
IMPACT   UNIVERSEEL
MAGNETISME   SNELHEID

50 - Aventura

```
V K Z N W W R Y N O X M O C V
D O J I D D I E H N O O H C S
I Q O D N E S S A R R E V E Z
E I S R U C X E E A A D S I W
H E F G B R E I S P L A N B I
G N Z T I E T I V I T C A E U
I E T N D D R R X G Z T K S N
L D V F S G C E E T W H S T A
I N N A X U E H I I E G R E T
E E I Q A E Y W Z D Z E U M U
V I O D Y R J U W D I E Q M U
Z R K D E V L E V M B N N I R
V V L F I K S I S R K L G N T
O N G E W O O N J X M R X G B
N A V I G A T I E K L T N I N
```

ACTIVITEIT	NAVIGATIE
VREUGDE	NIEUW
VRIENDEN	KANS
SCHOONHEID	GEVAARLIJK
BESTEMMING	VOORBEREIDING
EXCURSIE	VEILIGHEID
ONGEWOON	VERRASSEND
REISPLAN	MOED
NATUUR	REIZEN

51 - Pájaros

```
V W P T O E K A N E G L A Z J
D T I W N O E L O O Y E J F V
N I N Q N V Y M I R E G I E R
H L G Z V K C W Y G E O U D N
G L U O I O Q U L P K V W A R
A R Ï T A W J B I A G S O A H
M D N Z K E N I Y P W I Z T O
W U E E M E C M W E J U W D P
M H S L Y N S H K G Y R A F F
Z X K W A D I J J A S T A X W
G V I R F A Y M F A D S N A G
F Z V E A V R C Q I U C G M K
D B A I D A N A A K I L E P I
X K H O G N I M A L F A E W P
O O I E V A A R K O E K O E K
```

STRUISVOGEL   MUS
ADELAAR   HAVIK
OOIEVAAR   EI
ZWAAN   PAPEGAAI
KOEKOEK   DUIF
KRAAI   EEND
FLAMINGO   PELIKAAN
GANS   PINGUÏN
REIGER   KIP
MEEUW   TOEKAN

52 - Geografía

```
G A U D A A R G E T D E E R B
B E T G O O H E D S K E M Z M
C R M L R G T M G O R Z A U E
P O M K A F Y B A I K C I I R
A U N E T S E W X H O R C D I
F Q Y T W Q N O O R D E N E D
L A N D I W E R E L D I I N I
B E R G O N K A A R T V Y Y A
I Z F Q P A E X F K V I K O A
D E I B E G D N O R G R W E N
O I O E B N K S T B J P J I R
L E N G T E G R A A D Y N Y L
E I L A N D N P U C G A Y A V
E B W E R T W K G M Y K H O S
S T A D H A L F R O N D N C O
```

HOOGTE	MERIDIAAN
ATLAS	BERG
STAD	WERELD
CONTINENT	NOORDEN
HALFROND	WESTEN
EILAND	LAND
BREEDTEGRAAD	REGIO
LENGTEGRAAD	RIVIER
KAART	ZUIDEN
ZEE	GRONDGEBIED

53 - Música

```
G K O P E R A M L T P B S N N
G O A K H A R M O N I S C H E
R O W E L K U N X M E M T I R
L R N T N A K I Z U M E M M E
Z I N G E N S C E B A L U Y S
H Q E Q Y K K S H L N O Z T I
P O Ë T I S C H I A P D I V V
M I C R O F O O N E O I K D O
I N S T R U M E N T K E A V R
E B M Z D U A B N V D O A W P
X C N C D L A Z N N O V L I M
T B L H A R M O N I E C I P I
B A L L A D E T E M P O A D K
S U T D Q L W Z S A W H X A M
H A Z Z E Z A N G E R Q H V L
```

HARMONIE	INSTRUMENT
HARMONISCH	MELODIE
ALBUM	MICROFOON
BALLADE	MUZIKAAL
ZANGER	MUZIKANT
ZINGEN	OPERA
KLASSIEK	POËTISCH
KOOR	RITME
OPNAME	TEMPO
IMPROVISEREN	VOCAAL

54 - Enfermedad

```
I  G  M  U  U  B  I  L  E  N  D  E  N  T  K
M  D  E  N  Ë  E  I  G  R  E  L  L  A  H  P
M  O  Q  Z  L  W  Z  S  S  T  R  A  H  E  O
U  T  O  U  O  I  Z  F  I  T  M  G  K  R  N
N  L  H  R  A  N  C  W  S  O  E  R  J  A  T
I  B  Y  A  D  G  D  H  E  B  D  F  I  P  S
T  U  U  C  A  N  Q  H  A  N  K  H  L  I  T
E  X  E  E  W  I  Y  B  E  A  W  C  E  E  E
I  S  F  R  H  L  D  S  B  I  M  S  T  N  K
T  N  O  F  M  A  P  E  U  W  D  I  T  U  I
I  G  J  E  O  H  C  S  I  T  E  N  E  G  N
Q  Y  X  L  Z  M  C  B  K  Q  D  O  M  R  G
L  E  E  I  R  E  T  C  A  B  U  R  S  G  U
B  X  G  J  R  D  Z  F  W  T  O  H  E  S  E
I  F  U  K  V  A  G  F  Z  B  J  C  B  U  R
```

BUIK	ERFELIJK
ACUUT	BOTTEN
ALLERGIEËN	ONTSTEKING
BACTERIEEL	IMMUNITEIT
BESMETTELIJK	LENDEN-
HART	ADEMHALING
CHRONISCH	GEZONDHEID
LICHAAM	SYNDROOM
ZWAK	THERAPIE
GENETISCH	

55 - Actividades

```
S E M A G L T G P S J A C H T
Q C J X F M Q H V L N K S L S
N N H L R D W D I E E J K S K
B C Y I E K R S G Z G Z L O R
Y M O G L Z X K K Z N A I N Y
F D B N N D E A N U A C T E N
M A G I E J E N X P L T U T R
W N O N I I J R F S E I I H K
A D M N A T P N I S B V N C E
N H W A A E R W T J L I I A R
D L Y P N J K U N S T T E B A
E X V S D I T U S H K E R M M
L E Q T W R I K A L Q I E A I
E Z U N W V J T V C G T N Y E
N I F O T O G R A F I E B H K
```

ACTIVITEIT   GAMES
KUNST   LEZEN
AMBACHTEN   MAGIE
JACHT   VRIJE TIJD
KERAMIEK   SCHILDERIJ
NAAIEN   PLEZIER
FOTOGRAFIE   ONTSPANNING
BELANGEN   PUZZELS
TUINIEREN   WANDELEN

56 - Verduras

```
R J K Y P S N C W P E E R D I
A S L O F P U I L O C C O R B
D A T W M C H E Z M K R A A P
I L Q O T K K Y W P K M P Q P
J A T R K O O L F O N K A D E
S D O T N C J M X E H R D W T
E E M E G S S M M N D B D V E
N D A L F J I L O E U J E E R
I R A V Y G T V P I R I S T S
G B T C S B R D X Z K R T O E
R E L E P P A D R A A E O E L
E O M J B K O X B N V D E R I
B V H B G I S J X I W L L W E
U O W W E U U F O P I E L T N
A Q A N C R F F R S Y S G W Q
```

KNOFLOOK	GEMBER
ARTISJOK	RAAP
SELDERIJ	OLIJF
AUBERGINE	AARDAPPEL
BROCCOLI	KOMKOMMER
POMPOEN	PETERSELIE
UI	RADIJS
SALADE	PADDESTOEL
SPINAZIE	TOMAAT
ERWT	WORTEL

57 - Instrumentos Musicales

```
O D C E N I K H Z M D V G M R
W K R G O Q O L L E C I I X B
I U D G G E O M A H N O T M S
T R O M B O N E A R R O A W T
T R O M M E L C U R I L A S R
N P N T B N I I T Z I N R M O
T U A B A N J O B O H M E J M
W A I D X X V I O X Q H B T P
B G P E B Q H Q R X X A L A E
P E R C U S S I E E U R S F T
F M A N D O L I N E O P E R I
A Y D P Q L O P D D Y B U R U
G N O G W L B S N W G Q M U L
O S A X O F O O N Y A I O A F
T M O N D H A R M O N I C A T
```

MONDHARMONICA	HOBO
HARP	TAMBOERIJN
BANJO	PERCUSSIE
KLARINET	PIANO
FAGOT	SAXOFOON
FLUIT	TROMMEL
GONG	TROMBONE
GITAAR	TROMPET
MANDOLINE	VIOOL
MARIMBA	CELLO

58 - Formas

```
W B Y Y R K E O H E I R D B G
S Y C E E B Q O Y W X N J I L
M G H E K B Z H P O I E W J P
R O N D E J O Y E O J D W G R
W O W I O C L X R M V N T N I
M B M M H I S U B U K A N X S
Z Z R A L L I U O K H R A R M
K U Q R E I C F O L Z K K L A
W J V I E N I G L O Y L R T M
B L B P V D R C U R V E E O P
W O L E G E K H D Q E D I Q L
P Q L A D R E M M L K C V W W
T Y N V H K L U L C A E W C D
R E C H T H O E K K N S I L J
V Q G I Z L H O E K T B J I C
```

BOOG
RANDEN
CILINDER
CIRKEL
KEGEL
VIERKANT
KUBUS
CURVE
BOL
HOEK

HYPERBOOL
KANT
LIJN
OVAAL
PIRAMIDE
VEELHOEK
PRISMA
RECHTHOEK
RONDE
DRIEHOEK

59 - Flores

```
P  D  M  A  D  E  L  I  E  F  J  E  H  P  C
S  I  S  B  V  L  A  D  E  P  I  C  I  A  K
Z  T  O  K  D  W  P  A  D  A  L  Q  B  S  L
N  U  O  E  N  B  Z  L  I  A  A  E  I  S  A
J  L  R  Q  N  K  Z  B  H  R  V  Z  S  I  V
I  P  Q  N  E  R  P  M  C  D  E  O  C  E  E
M  O  X  N  V  S  O  E  R  E  N  N  U  B  R
S  A  L  I  L  Q  Y  O  O  B  D  N  S  L  J
A  T  G  Y  Y  J  D  L  S  L  E  E  L  O  F
J  G  Z  N  Y  R  V  B  T  O  L  B  E  E  V
O  M  O  D  O  N  V  R  E  E  F  L  L  M  O
T  V  E  F  X  L  T  U  Z  M  K  O  I  P  K
L  X  K  T  D  S  I  C  R  A  N  E  E  L  P
P  A  P  A  V  E  R  A  R  R  N  M  O  X  L
E  C  O  G  A  R  D  E  N  I  A  R  K  B  Y
```

PAPAVER	MADELIEFJE
PAARDEBLOEM	NARCIS
GARDENIA	ORCHIDEE
ZONNEBLOEM	PASSIEBLOEM
HIBISCUS	PIOENROOS
JASMIJN	BLOEMBLAD
LAVENDEL	BOEKET
LILA	ROOS
LELIE	KLAVER
MAGNOLIA	TULP

60 - Astronomía

```
G N I L A R T S Z V A P H O S
N M E T E O O R E A A L E B T
I Y A A F C M B T K R A M S E
R X O V L V S W I X D N E E R
E M O O N O R T S A E E L R R
T U A N O R T S A D R E M V E
S I Y R I V K J N B T T F A N
I F K E F U Z Q L W K N W T B
U M C P D Q Q R F N V N C O E
D F P U V K G E A S P F L R E
R E N S T E L E S C O O P I L
E A A S T E R O Ï D E M L U D
V E K U N I V E R S U M S M G
K Q T E I L L E T A S Z J O V
X Q Y D T M A A N J T E L Y K
```

ASTEROÏDE	METEOOR
ASTRONAUT	OBSERVATORIUM
ASTRONOOM	PLANEET
HEMEL	STRALING
RAKET	SATELLIET
STERRENBEELD	SUPERNOVA
KOSMOS	TELESCOOP
VERDUISTERING	AARDE
EQUINOX	UNIVERSUM
MAAN	

61 - Tiempo

```
O  Y  B  Y  M  D  V  W  B  K  D  F  G  R  D
Y  Z  Q  H  F  A  E  T  W  L  M  Q  Y  R  J
H  O  T  Q  K  G  A  C  A  O  N  W  Y  S  B
Z  Z  P  D  V  A  G  N  E  K  Q  W  U  E  E
H  Z  A  L  F  G  A  A  D  N  A  V  U  Z  V
N  G  D  O  N  N  D  G  N  J  S  R  O  O
T  U  U  N  I  M  N  I  E  D  O  I  B  M  O
N  O  W  E  E  K  E  S  T  S  G  X  U  N  R
E  W  E  A  M  D  L  T  H  C  A  N  X  M  A
M  W  K  K  I  Q  Y  E  C  Y  D  Y  H  C  A
O  K  T  Z  O  A  H  R  O  W  D  P  H  W  J
M  Y  V  B  F  M  Z  E  U  U  I  J  Y  X  K
G  S  P  W  O  W  S  N  B  M  M  N  Z  L  W
X  H  N  P  B  E  C  T  E  B  D  D  G  B  H
K  A  L  E  N  D  E  R  X  R  N  M  I  Q  Q
```

NU	OCHTEND
VOOR	MIDDAG
JAAR	MAAND
GISTEREN	MINUUT
KALENDER	MOMENT
DECENNIUM	NACHT
DAG	KLOK
TOEKOMST	WEEK
UUR	EEUW
VANDAAG	

62 - Paisajes

```
W P F V K U R I Z G R E B V D
U F K K Y E J J A L J E G U N
S T R A N D T P X E M O R L A
L N G O Z L P I Z T O R G K L
S A R E O M K A O S H T B A I
N K G R Z T W R X J J Q D A E
G J Z U I L A Z G E Z S R N R
X E S E N F M U I R A U T S E
N J I T S E O W E E E E Y T I
E A X S W I D O L E R B W E H
I Z X C E V X Q L M I B S J C
L O E R F R H Q A E V K V J S
A J S X Z E E U V H I Z C S I
N W A T E R V A L O E E L R Q
D T O E N D R A C Z R Q T T X
```

WATERVAL   ZEE
GROT   BERG
WOESTIJN   OASE
ESTUARIUM   MOERAS
GEISER   SCHIEREILAND
GLETSJER   STRAND
IJSBERG   RIVIER
EILAND   TOENDRA
MEER   VALLEI
LAGUNE   VULKAAN

63 - Días y Meses

```
O D A V R I J D A G X F P Y L
J I P I R A A J W G V J U N I
A N R R E D N E L A K E E W K
N S I A B P C O C I R U E O A
U D L U M G A D R E D N O D U
A A C R E A G S Z P J P B N G
R G N B T D A W B O U K Y A U
I T R E P R D N O I L Z C A S
A I S F E E N O D E I U G M T
Y M C X S T O Y K A N H D V U
U G E M E A Z X A T G S J L S
H Z H V C Z P K V X O Y D J A
I E I H T I M J R B X B Z A K
N O V E M B E R Q L O J E V G
V Z K R L U E N Z X F J X R G
```

APRIL   MAANDAG
AUGUSTUS   DINSDAG
JAAR   MAAND
KALENDER   WOENSDAG
ZONDAG   NOVEMBER
JANUARI   OKTOBER
FEBRUARI   ZATERDAG
DONDERDAG   WEEK
JULI   SEPTEMBER
JUNI   VRIJDAG

64 - Biología

```
F O Z O E B N S Z V T Q V C A
A S A O N M E T Q E V U V P N
C M Y Z N E U B J Q N M Z B A
V O P W C M R B Z Y O U E O T
K S M O O S O M O R H C W N O
E E D O D Z N O O M R O H E M
S V F O T O S Y N T H E S E I
Y E O A Q Z O O G D I E R G E
M M S L E C X T O S U N F A M
B B Y X U H F R E P T I E L U
I R N K B T B M M L J F P L T
O Y A X W I I E S R N J D O A
S O P B O W L E S G W A R C T
E W S N Ë I R E T C A B J L I
L R K P X E C O E W N X Z Y E
```

ANATOMIE	ZOOGDIER
BACTERIËN	MUTATIE
CEL	ZENUW
COLLAGEEN	NEURON
CHROMOSOOM	OSMOSE
EMBRYO	EIWIT
ENZYM	REPTIEL
EVOLUTIE	SYMBIOSE
FOTOSYNTHESE	SYNAPS
HORMOON	

65 - Chocolate

```
A R T I S A N A A L C B C Z M
K W A L I T E I T X I W A O P
A E F Y I B Z M R D D X L E O
A N T I O X I D A N T M O T E
M E O N S W E Z A B R H R E D
S T O S Ë K A R A M E L I I E
C E N U U I B I T T E R E R R
C W S A Y I D J I K D W Ë O H
T M O D G W K E N I W K N V C
A O K Y G G K E R P I N D A S
R A O C A C A O R G E F K F I
O E K J I L R E E H N B F G T
M R E C E P T L O H W I V I O
A D C I I Q W F Q A V B B Y X
U I F I T H H A U Q Y C T X E
```

BITTER
ANTIOXIDANT
AROMA
ARTISANAAL
SUIKER
PINDA'S
CACAO
KWALITEIT
CALORIEËN
KARAMEL

KOKOSNOOT
ETEN
HEERLIJK
ZOET
EXOTISCH
FAVORIET
SMAAK
INGREDIËNT
POEDER
RECEPT

66 - Barbacoas

```
R B S Z O U T K M Q U U G F G
Y R I K B T K I I O I F R A A
D I N E R J I N C O E W I M M
W Z G I V A P D H C N U L I E
P S X Z Y I L E E C E R L L S
X E T U J K O R Z B S E Z I P
S D P M J T I E H C S S O E Y
H A X E X H D N T Z E V A B G
R L Z T R Z N E T A M O T U C
U A P N E W O H A R B V Y G S
H S Z E G N M M J C Y B Z B U
U I N O N H G O E N H B F F A
M Z H R O R L B U R K W S P H
G I J G H H E E T C F R U I T
I S V D N P A E P A B O C O H
```

LUNCH
HEET
UIEN
DINER
MESSEN
SALADES
FAMILIE
FRUIT
HONGER
GAMES

MUZIEK
KINDEREN
GRILL
PEPER
KIP
ZOUT
SAUS
TOMATEN
ZOMER
GROENTE

67 - Ropa

```
J K W G E B K X B F G E B T H
B A H A N D S C H O E N E N S
V M S K V H R L H V L K M K C
F A R J N E L A D N A S D S H
N J O J E E I N E O H C S H O
P Y K K D D U Q O N R M E I R
V P F M A D T S H C F C S R T
S B N Z R A R M B A N D U T Q
H J W W E G K X Q V A I O X B
F A A M I K E T T I N G L W K
X H K A S U O W T E F M B E L
S O E N L K R U J A S O W C A
Y E O G H Y B T W A E D R C Z
Z U C M P G I Q I I Z E K Y S
X N M Q L R Y B Y J G I W A U
```

JAS
BLOUSE
SJAAL
SHIRT
JASJE
RIEM
KETTING
SCHORT
ROK
HANDSCHOENEN

SIERADEN
MODE
BROEK
PYJAMA
ARMBAND
SANDALEN
HOED
TRUI
JURK
SCHOEN

68 - Meditación

```
I A D E M H A L I N G E M D G
V R E D E G E E H C J L E A E
O F E I T C E P S R E P D N D
L V O X U W P L T P M S E K A
A G Y I G M T S U J U Z D B C
A W E N R D H Y G K Z D O A H
T E G N I G E W E B I Z G A T
N G E N G B G F L B E K E R E
E M O T I E S I K L K D N H N
M L C S A D S T I L T E Y E Q
D A X E T R U U T A N L O I V
C K N E M F V O H J V F Z D B
X R P G U Q H T H C A D N A A
H E L D E R H E I D H T S W D
O B S E R V A T I E G Y M H S
```

AANDACHT
KALM
HELDERHEID
MEDEDOGEN
EMOTIES
GELUK
DANKBAARHEID
MENTAAL
GEEST
BEWEGING

MUZIEK
NATUUR
OBSERVATIE
VREDE
GEDACHTEN
PERSPECTIEF
HOUDING
ADEMHALING
STILTE

69 - Café

```
C M O O R W O S J I R P Q Z A
V E I S E A O M M I F Z Y C V
L L L J K T R D A A Q G Y Y N
O K G E I E S N M L A G S O Q
E C B R U R P E A V E K G C B
I D A V S U R E K E B N Z H J
S A L F U U O F I L T E R T O
T T T K E Z N Z W A R T Q E U
O I E M N Ï G T J S A Z G N G
F N S G O H N L Z Y S V M D P
T F A Z M U X E T P A L F F K
C F R E T T I B X R C B O S M
N B O G E R O O S T E R D A C
E H M E P N D F Z E D R A N K
S E A V A R I Ë T E I T D Z T
```

WATER	MELK
BITTER	VLOEISTOF
AROMA	OCHTEND
GEROOSTERD	MALEN
SUIKER	ZWART
ZUUR	OORSPRONG
DRANK	PRIJS
CAFEÏNE	SMAAK
ROOM	BEKER
FILTER	VARIËTEIT

70 - Libros

```
E N T H D U A L I T E I T B G
T M N U Y L E G E D I C H T E
V N A M O R I S Z Q F E R X S
H F V O E S T T E Z N C Q E C
I R E R E S C T E R T P J T H
N C L I K N E C R R I S Q N R
V R E S Z Q L X G A A E C O E
E U R T O E L T I M G I O C V
N U E I Z Ë O P M H B I R N E
T T R S E E C A A I K V S S N
I N E C V E R H A A L A Z C P
E O Z H C S I R O T S I H W H
F V E R T E L L E R U E T U A
H A L B L A D Z I J D E Z X H
X M E H D Z G D V E Q Z C D M
```

AUTEUR
AVONTUUR
COLLECTIE
CONTEXT
DUALITEIT
GESCHREVEN
VERHAAL
HISTORISCH
HUMORISTISCH
INVENTIEF

LEZER
LITERAIR
VERTELLER
ROMAN
BLADZIJDE
RELEVANT
GEDICHT
POËZIE
SERIE
TRAGISCH

71 - Los Medios de Comunicación

```
C R H E F N G O K F F T G I T
G O A T D A I D D J O F G P R
N F M D D I K R E W T E N F L
I T K M I S T R D I O K I P E
R E K O U O S I M H S T N Y U
E L O V I N J G E V Z V E F M
I E T A K E I L B U P J M F E
C V C L X T W C A W P I Y P Q
N I R J Z N R L A A K O L F R
A S F C B A E I R T S U D N I
N I Y T L R D V E N I L N O U
I E X O J K N C W C N E I B D
F E I T E N O D I G I T A A L
C O M M E R C I E E L A E C P
H O U D I N G H P S G J Z V E
```

HOUDING
COMMERCIEEL
COMMUNICATIE
DIGITAAL
EDITIE
ONDERWIJS
ONLINE
FINANCIERING
FOTO'S

FEITEN
INDUSTRIE
LOKAAL
MENING
KRANTEN
PUBLIEK
RADIO
NETWERK
TELEVISIE

72 - Nutrición

```
V  K  F  J  D  E  B  G  G  E  G  Y  G  J  B
O  O  W  U  P  I  A  C  E  V  U  N  L  F  T
E  O  O  Z  U  W  G  Z  Z  E  C  L  T  E  A
D  L  G  L  S  I  R  R  O  N  A  P  K  R  N
I  H  E  D  L  T  A  O  N  W  L  A  X  Z  E
N  Y  Z  T  A  T  N  T  D  I  O  A  S  N  F
G  D  O  S  K  E  E  O  H  C  R  L  F  J  F
S  R  N  U  A  N  N  X  E  H  I  E  B  U  O
S  A  D  L  A  U  E  I  I  T  E  N  N  T  T
T  T  U  T  M  I  S  N  D  I  Ë  I  R  M  S
O  E  Q  E  S  T  O  E  J  G  N  M  E  H  I
F  N  N  E  F  E  R  M  E  N  T  A  T  I  E
E  E  T  B  A  A  R  D  I  E  E  T  T  Y  O
G  E  W  I  C  H  T  Q  E  T  N  I  I  B  L
K  W  A  L  I  T  E  I  T  Q  D  V  B  N  V
```

BITTER	VLOEISTOFFEN
EETLUST	VOEDINGSSTOF
KWALITEIT	GEWICHT
CALORIEËN	EIWITTEN
KOOLHYDRATEN	SMAAK
GRANEN	SAUS
EETBAAR	GEZONDHEID
DIEET	GEZOND
EVENWICHTIG	TOXINE
FERMENTATIE	VITAMINE

73 - Edificios

```
Z K N N G P M T N L X B K L B
L I K V G Q U X O N Y O A A O
D L E T O H S Y I R W K S B E
A C I K T R E E D E E T T O R
Q I R D E V U J A T D N E R D
P R B S G N M H T A A E E A E
H E A U A M H J S E S M L T R
A E F B R B K U C H S E O O I
T N R R A X D H I T A T O R J
C T U B G M J F C S B R H I V
M C U N E R D B K F M A C U F
K N H H E R E R W Y A P S M P
F J C A Q X G F A G C P I U C
G U S B I O S C O O P A B C N
O B S E R V A T O R I U M K R
```

HERBERG	SCHUUR
APPARTEMENT	BOERDERIJ
KASTEEL	ZIEKENHUIS
BIOSCOOP	HOTEL
AMBASSADE	LABORATORIUM
SCHOOL	MUSEUM
STADION	OBSERVATORIUM
FABRIEK	THEATER
GARAGE	TOREN

74 - Océano

```
M  R  A  Y  Y  S  D  H  C  S  Z  T  N  T  N
W  R  G  Z  M  T  U  O  Z  F  G  P  P  C  K
E  G  O  A  L  B  A  T  L  A  A  N  R  A  G
O  E  S  T  E  R  W  P  G  F  G  A  I  S  M
S  P  O  N  S  H  P  T  N  I  I  J  Y  C  I
I  O  G  E  H  Z  J  T  A  R  A  J  M  H  F
V  R  L  G  K  V  I  S  K  W  A  L  N  I  M
L  W  U  L  M  R  D  F  G  S  H  W  R  L  T
A  D  F  A  U  N  A  H  G  J  D  K  H  D  X
W  B  O  O  T  J  D  B  V  T  D  O  A  P  D
J  L  X  C  B  I  H  E  X  U  R  R  G  A  V
J  M  J  K  I  N  J  G  C  O  V  A  P  D  H
E  W  O  C  T  O  P  U  S  P  B  A  T  I  O
V  M  Q  G  E  T  I  J  D  E  N  L  A  A  L
C  X  G  O  Y  G  P  Z  Q  T  A  L  U  E  I
```

ALGEN	SPONS
AAL	GETIJDEN
RIF	KWAL
TONIJN	OESTER
WALVIS	VIS
BOOT	OCTOPUS
GARNAAL	ZOUT
KRAB	HAAI
KORAAL	STORM
DOLFIJN	SCHILDPAD

75 - Ciudad

```
W T H E A T E R C H B M L J S
S I G A L E R I J O O U U M C
B U N M A R K T X T E S C W H
U I P K H N N H A E K E H A O
N B B E E V O A Z L H U T P O
I I B L R L I J Z I A M H O L
V O A Y I M D P Y A N X A T U
E S K M H O A E V L D D V H U
R C K N A B T R Y Y E Z E E R
S O E C W E S H K J L V N E J
I O R H D X O E E T S M E K H
T P I C S T S I M E O L B H V
E R J Z O V W M C W K I X O G
I I P L K L I N I E K J C L P
T D I E R E N T U I N U D N H
```

LUCHTHAVEN	HOTEL
BANK	BOEKHANDEL
BIBLIOTHEEK	MARKT
BIOSCOOP	MUSEUM
KLINIEK	BAKKERIJ
SCHOOL	SUPERMARKT
STADION	THEATER
APOTHEEK	WINKEL
BLOEMIST	UNIVERSITEIT
GALERIJ	DIERENTUIN

76 - Agronomía

```
P  S  N  W  S  A  L  Q  R  X  H  Z  B  M  G
R  Y  A  H  T  O  R  G  A  N  I  S  C  H  R
O  S  D  J  U  L  A  N  D  B  O  U  W  C  O
D  T  U  L  D  E  N  B  I  O  M  D  T  L  E
U  E  U  P  I  I  R  E  T  A  W  E  S  A  I
C  M  R  L  E  G  K  O  G  G  U  A  S  N  U
T  E  Z  A  E  R  M  T  S  N  A  M  N  T  W
I  N  A  N  C  E  X  F  D  I  N  K  D  E  L
E  E  A  T  O  N  K  J  I  L  E  D  N  A  L
J  D  M  E  L  E  J  K  W  I  T  Y  N  M  K
L  A  N  N  O  Q  M  I  B  U  K  G  U  J  K
H  Z  H  U  G  A  X  H  H  V  E  L  Z  H  G
L  N  Q  Y  I  Q  J  E  A  R  I  F  F  G  T
H  L  U  C  E  Q  M  M  P  E  Z  T  W  A  C
G  R  O  E  N  T  E  U  Y  V  J  Z  J  M  K
```

LANDBOUW	MEST
WATER	ORGANISCH
VERVUILING	PLANTEN
GROEI	PRODUCTIE
ECOLOGIE	LANDELIJK
ENERGIE	ZADEN
ZIEKTEN	SYSTEMEN
EROSIE	DUURZAAM
STUDIE	GROENTE

77 - Actividades y Ocio

```
L R E I S O D Z H Z E S J K G
A F C N M A U T V W S U C A Q
B A J L D M I K G E Z R Q M B
T E N N I S K W T M U F Q P S
E B E E D Z E N P M T E R E C
O A N L T N N Y N E R N A R H
V S N E T L A B K N O H C E I
W K A D S W C B U Q P U E N L
X E P N N K J O C B S Y N T D
S T S A U R O H Z P L J G N E
K B T W K L K B P Z E U P B R
W A N G O L F V O F G B L G I
K L O A S J P D L C N X A Z J
T U I N I E R E N A E V L L S
V O L L E Y B A L G H W O V W
```

HOBBY   TUINIEREN
KUNST   ZWEMMEN
BASKETBAL   HENGELSPORT
HONKBAL   SCHILDERIJ
BOKSEN   ONTSPANNEN
DUIKEN   WANDELEN
KAMPEREN   SURFEN
RACEN   TENNIS
VOETBAL   REIS
GOLF   VOLLEYBAL

78 - Ingeniería

```
D O H F O T S I E O L V W M J
B I A E C Z Y T H C A R K A S
E S A I H R Q I R W A B C U A
R M C G W B C E D U E G M D S
E E K R R C H T F O C N H E F
K T G E D A Z I Z B Z T K I X
E I Z N P A M L S K A I U T F
N N U E K N T I L R F G D U X
I G S N E M O B F E H U I B R
N H H D O G F A C T O Q E I D
G E Z S H F E T P E I D S R I
M O T O R E D S H M V E E T V
W R I J V I N G A A C D L S N
M A C H I N E B P I T U J I L
E L X V N R W P A D M R G D W
```

HOEK
BEREKENING
BOUW
DIAGRAM
DIAMETER
DIESEL
DISTRIBUTIE
AS
ENERGIE
STABILITEIT

STRUCTUUR
WRIJVING
KRACHT
VLOEISTOF
MACHINE
METING
MOTOR
HEFBOMEN
DIEPTE

79 - Comida #1

```
C T S J P V P A A R Z C K P V
S U H T O B F A A C C F F M S
T O N I J N D Z E R E K I U S
E Z V D U S A P O G D I K C Z
X W J V B C H L Y E A B L I Z
S P I N A Z I E P R L R E L R
B R E E P J L E W S A P M I A
T K O O L F O N K T S V I S J
B X F R S D C A X T X L O A D
S V M T G U M K D Q J E S B I
V D B I E T C G H F H E G A T
D F Q C W O R T E L O S N I N
X V J J V I E X H F C P G L K
B R M Q Z H H Z C Q I E T Z M
Z G O V V A U L A X M U N T F
```

KNOFLOOK	AARDBEI
BASILICUM	SAP
TONIJN	MELK
SUIKER	CITROEN
KANEEL	MUNT
VLEES	RAAP
GERST	PEER
UI	ZOUT
SALADE	SOEP
SPINAZIE	WORTEL

80 - Antigüedades

```
S L F T T N K Q H D D Q B V O
I E I T A R U A T S E R E O U
E R K E I T N E H T U A E O D
R H P U H E S U X A J I L R B
A V N R C D T E P L N N D W T
D E O R I A L I B U E M H A D
E I O K L J I T S S T T O A V
N L W Q W R S Y P W N Z U R R
T I E T I L A W K L U I W D N
D N G E L E G A N T M E W E S
N G N I R E T S E V N I E P G
T Q O G A L E R I J C P R S J
W A A R D E F S M Z J J K S R
A M N K M U W F F L V B H P O
A D E C O R A T I E F O Y M F
```

KUNST   INVESTERING
AUTHENTIEK   SIERADEN
KWALITEIT   MUNTEN
VOORWAARDE   MEUBILAIR
DECORATIEF   PRIJS
ELEGANT   RESTAURATIE
BEELDHOUWWERK   EEUW
STIJL   VEILING
GALERIJ   WAARDE
ONGEWOON   OUD

81 - Literatura

```
V  G  J  M  V  J  R  V  V  N  Y  X  U  H  C
F  E  I  F  A  R  G  O  I  B  F  E  A  P  O
I  D  R  E  J  C  D  P  M  J  I  R  I  Z  N
C  I  R  G  L  Q  B  D  A  A  M  E  H  T  C
T  A  I  S  E  T  O  D  K  E  N  A  D  V  L
I  L  T  V  T  L  P  O  Ë  T  I  S  C  H  U
E  O  M  E  L  I  I  D  C  W  W  W  M  A  S
C  O  E  R  G  N  J  J  A  X  Y  G  E  N  I
Q  G  T  T  L  S  Q  L  K  M  J  Q  T  A  E
U  E  C  E  I  B  Y  O  V  I  P  L  A  L  V
Y  U  M  L  A  U  T  E  U  R  N  E  F  Y  N
C  B  K  L  G  E  D  I  C  H  T  G  O  S  M
G  N  A  E  A  N  A  L  O  G  I  E  O  E  G
B  S  Z  R  T  R  A  G  E  D  I  E  R  S  R
O  M  S  C  H  R  I  J  V  I  N  G  Y  S  U
```

ANALOGIE	FICTIE
ANALYSE	METAFOOR
ANEKDOTE	VERTELLER
AUTEUR	ROMAN
BIOGRAFIE	GEDICHT
VERGELIJKING	POËTISCH
CONCLUSIE	RIJM
OMSCHRIJVING	RITME
DIALOOG	THEMA
STIJL	TRAGEDIE

82 - Química

```
Y R C C Z E L E K T R O N Z M
I W T H O F O T S L O O K U O
G A S L U R F M I Z U U R U L
Y G W O T I E R Z O V E B R E
Q F Y O E A F A V R N N N F S C
A W Q R X E D W C D U Z I T U
V L L H Y L S O N T V Y K O U
L G K C R C X H M X I M T F L
O E Q A T U F O T S R E T A W
E W D C L N M E T A L E N B F
I I V E C I F T M I R I G K R
S C R O T A S Y L A T A K U M
T H T F P H A C F S F F Z U T
O T Z O A Z A H H K M B K Z U
F T E M P E R A T U U R G I C
```

ALKALISCH	ION
ZUUR	VLOEISTOF
WARMTE	METALEN
KOOLSTOF	MOLECUUL
KATALYSATOR	NUCLEAIR
CHLOOR	ZUURSTOF
ELEKTRON	GEWICHT
ENZYM	REACTIE
GAS	ZOUT
WATERSTOF	TEMPERATUUR

83 - Gobierno

```
M  B  Y  A  T  O  E  S  P  R  A  A  K  L  K
L  O  U  G  E  R  E  C  H  T  E  L  I  J  K
I  R  N  R  E  D  I  E  L  Y  W  A  J  Y  J
Z  G  V  U  G  C  I  V  I  E  L  A  U  L  I
F  G  A  J  M  E  H  S  W  W  Y  N  U  F  W
D  C  R  V  J  E  R  U  D  J  C  O  K  J  A
I  I  J  D  C  P  N  S  D  E  P  I  I  T  G
E  G  S  N  R  P  K  T  C  I  V  T  R  K  Y
H  R  Y  C  P  P  D  G  Q  H  E  A  R  F  I
J  H  Z  J  U  J  H  E  I  T  A  N  U  I  C
I  S  N  W  G  S  E  H  X  J  H  P  B  R  G
R  U  A  Y  O  Z  S  P  O  L  I  T  I  E  K
V  E  D  I  E  H  G  I  T  H  C  E  R  E  G
S  T  A  A  T  W  J  N  E  T  H  C  E  R  Y
K  I  W  M  H  I  T  E  W  D  N  O  R  G  S
```

BURGERSCHAP	GERECHTIGHEID
CIVIEL	WET
GRONDWET	VRIJHEID
RECHTEN	LEIDER
TOESPRAAK	MONUMENT
DISCUSSIE	NATIONAAL
WIJK	NATIE
STAAT	POLITIEK
GERECHTELIJK	

84 - Creatividad

```
I  C  W  C  I  E  M  O  T  I  E  S  E  U  I
C  E  M  V  D  W  G  S  D  V  V  K  C  I  N
G  R  O  J  E  D  H  P  R  T  X  E  H  T  T
B  E  B  N  E  N  E  O  I  S  I  V  T  D  E
I  U  V  G  Ë  T  Y  N  G  D  R  K  H  R  N
O  R  F  O  N  A  Y  T  Z  B  N  Y  E  U  S
I  U  T  G  E  I  B  A  P  A  X  S  I  K  I
O  S  V  F  M  L  G  A  Y  D  U  T  D  K  T
Z  Q  Q  J  Y  G  Q  N  B  E  E  L  D  I  E
V  E  R  B  E  E  L  D  I  N  G  F  W  N  I
I  N  S  P  I  R  A  T  I  E  L  G  X  G  T
U  C  T  W  I  N  D  R  U  K  R  S  S  I  J
I  N  V  E  N  T  I  E  F  Z  O  X  U  U  H
D  R  A  M  A  T  I  S  C  H  S  S  N  Q  R
U  M  A  R  T  I  S  T  I  E  K  C  I  U  M
```

ARTISTIEK	VERBEELDING
ECHTHEID	INDRUK
DRAMATISCH	INSPIRATIE
EMOTIES	INTENSITEIT
SPONTAAN	INVENTIEF
UITDRUKKING	GEVOEL
IDEEËN	VISIOENEN
BEELD	

85 - Clima

```
D H Z D M V C M Q D R B F Z P
T M G Y R V X I F P G D M O B
E F H T O O L S E I R B M G B
M T T N T X O T O R K A A N L
P E T Z S L T G G S U E H I I
E T V T J T R O P I S C H M K
R G O A I Y G B P B N K A O S
A O M R D Q E Z K F W L T R E
T O N I N O R G Y Y O I M T M
U R C A O A N P W B L M O S N
U D V L S U D D L M K A S R C
R R M O S L R O E C T A F E S
B X Y P E L P F M R U T E V J
W I N D O N U K E L J O E O E
Q F P N M Z R S H H N U R A N
```

ATMOSFEER   POLAIR
BRIES   BLIKSEM
HEMEL   DROOG
KLIMAAT   DROOGTE
IJS   TEMPERATUUR
ORKAAN   STORM
OVERSTROMING   TORNADO
MOESSON   TROPISCH
MIST   DONDER
WOLK   WIND

86 - Comida #2

```
E  A  K  L  B  D  I  B  G  R  O  C  I  W  K
R  Y  W  U  L  P  M  I  B  K  L  K  I  W  I
K  Q  M  O  H  Y  U  T  E  R  E  X  E  A  Z
E  I  R  T  S  J  I  R  N  I  D  S  K  P  M
C  D  P  A  U  B  E  R  G  I  N  E  A  P  C
S  R  C  A  B  R  O  O  D  U  A  L  A  E  A
S  U  H  M  Y  E  E  K  E  C  M  I  S  L  R
E  I  O  O  O  B  N  J  W  L  A  X  Z  F  R
L  F  C  T  G  M  H  A  R  T  I  S  J  O  K
D  K  O  H  H  E  Q  U  A  L  G  R  F  W  F
E  N  L  V  U  G  D  R  T  N  S  E  T  A  K
R  T  A  Y  R  S  P  K  B  K  A  K  F  G  W
I  N  D  U  T  A  Q  N  A  Y  Y  B  T  P  P
J  M  E  O  L  B  E  N  N  O  Z  N  Q  Z  Z
E  J  C  D  J  J  U  L  O  W  Y  J  I  A  A
```

ARTISJOK	KIWI
AMANDEL	APPEL
SELDERIJ	BROOD
RIJST	BANAAN
AUBERGINE	KIP
KERS	KAAS
CHOCOLADE	TOMAAT
ZONNEBLOEM	TARWE
EI	DRUIF
GEMBER	YOGHURT

87 - Arte

```
P  S  E  G  Y  J  C  O  M  P  L  E  X  K  U
E  C  E  W  E  J  Q  C  Y  P  X  Z  S  E  I
R  H  N  S  I  Ï  G  Y  O  F  N  G  C  R  T
S  I  V  Y  Z  P  N  E  R  Ë  E  R  C  A  D
O  L  O  M  Ë  O  I  S  U  F  V  T  K  M  R
O  D  U  B  O  R  L  O  P  R  U  A  F  I  U
N  E  D  O  P  T  L  R  T  I  E  N  V  S  K
L  R  I  O  R  R  E  I  V  D  R  Z  A  C  K
I  I  G  L  E  E  T  G  C  D  U  E  R  H  I
J  J  X  J  W  T  S  I  C  T  E  P  E  M  N
K  E  M  X  R  T  N  N  T  S  M  N  P  R  G
X  N  X  U  E  E  E  E  R  U  U  G  I  F  D
R  M  A  O  D  R  M  E  N  A  H  W  V  Q  U
X  J  O  C  N  E  A  L  E  E  R  L  I  J  K
A  L  J  Y  O  N  S  V  I  S  U  E  E  L  E
```

KERAMISCH
COMPLEX
SAMENSTELLING
CREËREN
UITDRUKKING
FIGUUR
EERLIJK
HUMEUR
GEÏNSPIREERD

ORIGINEEL
PERSOONLIJK
SCHILDERIJEN
POËZIE
PORTRETTEREN
EENVOUDIG
SYMBOOL
ONDERWERP
VISUEEL

88 - Diplomacia

```
A T F I G O G Z R N Y X T O S
D I E H G I L I E V J I A P A
V G H W R I U A G U X B L L M
I P A H C S N E E M E G E O E
S V P B Q X L T R B Q U N S N
E L M S T F H B I L G E V S W
U G E R I A T I N A M U H I E
R O T I E T I R G E T N I N R
G E R E C H T I G H E I D G K
N U Z A M B A S S A D E U R I
E T H I E K E I T I L O P E N
E T X A M B A S S A D E H Z G
C O N F L I C T V E R D R A G
L O D I S C U S S I E J I U O
R E S O L U T I E E M H Q C H
```

ADVISEUR	HUMANITAIR
GEMEENSCHAP	TALEN
CONFLICT	INTEGRITEIT
SAMENWERKING	GERECHTIGHEID
DISCUSSIE	POLITIEK
AMBASSADE	RESOLUTIE
AMBASSADEUR	VEILIGHEID
ETHIEK	OPLOSSING
REGERING	VERDRAG

89 - Herboristería

```
R H V K V X T Y I I R I B H N
F M D E W Q N W Q S O X A Q Y
O T P R N A A R F F A S S T A
M U N T I L L N I R P T I Q R
Y X A W Q A P I J C Y W L M O
J N M A T V N R T Z R J I T M
V I N N E J I N E N D C M A
H E Z S Ë N I E L L I D U C T
W L N K I D R J I U M T M D I
Z O R K D E A S E E C J E R S
G J E A E L M T U I N D O A C
R R W A R L E E O I N T L G H
O A X M G K Z C P M Y O B O S
E M D S N K O O L F O N K N B
N W K I I E R A V D D L Q I Q
```

KNOFLOOK

BASILICUM

AROMATISCH

SAFFRAAN

KWALITEIT

CULINAIR

DILLE

DRAGON

BLOEM

VENKEL

INGREDIËNT

TUIN

LAVENDEL

MARJOLEIN

MUNT

PLANT

ROZEMARIJN

SMAAK

GROEN

90 - Energía

```
D Z G J D R Z R L B I Y U H N
B R A N D S T O F E T M R A W
P D W A I X E L J N C J M I Z
F R I A E L C U N Z O S X N E
Z O N Z T R I L L I Q A H D R
L A V L D E J U Q N W P C U N
X O V U P U R Z V E I N S S A
U N S Y O U P S D R B N I T C
F O T S L O O K T I E K R R C
D R O T O M T Z B O E V T I U
M T E N T R O P I E F S K E V
R K X F O T O N A Q K M E F S
H E R N I E U W B A A R L L D
B L S T O O M W I N D U E Z J
D E N I B R U T D O W D S P J
```

ACCU	BENZINE
WARMTE	WATERSTOF
KOOLSTOF	INDUSTRIE
BRANDSTOF	MOTOR
VERVUILING	NUCLEAIR
DIESEL	HERNIEUWBAAR
ELEKTRON	ZON
ELEKTRISCH	TURBINE
ENTROPIE	STOOM
FOTON	WIND

91 - Especias

```
K C S G M F F Z P A P R I K A
V R V S J J S O O Q P E P E R
A U U J E U U U X H E B H M J
N U O I Z L O T I A K M D H U
I Z V N D U N U G S M E V P E
L Y E A E N U A S L L G T Y D
L U N N K G A K N O F L O O K
E D K N S A N G U Q L O F U Y
K K E M M F N T E O Z Q G I D
I O L V A L M E Z L M R S X Z
C A M D A X R A E B I T T E R
J M T I K Y M V Z L P S L N Q
Q N E G J K E R R I E C I X U
Z N S P I N A A R F F A S Z H
N O O T M U S K A A T D R O P
```

ZUUR	ZOET
KNOFLOOK	VENKEL
BITTER	GEMBER
ANIJS	NOOTMUSKAAT
SAFFRAAN	PAPRIKA
KANEEL	PEPER
UI	DROP
KRUIDNAGEL	SMAAK
KOMIJN	ZOUT
KERRIE	VANILLE

92 - Universo

```
N  I  H  I  K  Z  U  J  L  I  K  M  G  I  Z
E  P  N  X  W  W  O  D  V  F  X  O  G  N  I
U  E  D  N  E  W  E  N  N  O  Z  O  O  Z  C
B  E  V  E  N  A  A  R  N  U  P  N  Z  T  H
R  K  R  A  I  Y  X  V  A  E  J  O  T  E  T
Z  H  C  S  I  M  S  O  K  Z  J  R  I  L  B
H  X  K  T  M  A  A  N  Z  R  D  T  O  E  A
A  I  K  E  I  M  O  N  O  R  T  S  A  S  A
L  J  A  R  E  E  F  S  O  M  T  A  D  C  R
F  N  N  O  B  B  D  C  B  G  F  P  X  O  F
R  R  T  Ï  E  Z  A  Z  V  D  A  G  U  O  W
O  C  E  D  X  C  J  A  M  J  N  Q  T  P  V
N  L  L  E  M  E  H  W  N  O  Z  I  R  O  H
D  G  E  D  U  I  S  T  E  R  N  I  S  U  X
U  R  N  L  E  N  G  T  E  G  R  A  A  D  Z
```

ASTEROÏDE	KANTELEN
ASTRONOMIE	LENGTEGRAAD
ASTRONOOM	MAAN
ATMOSFEER	DUISTERNIS
HEMEL	BAAN
KOSMISCH	ZONNE
EVENAAR	ZONNEWENDE
HALFROND	TELESCOOP
HORIZON	ZICHTBAAR

93 - Jazz

```
S M U R D A E O T C G R S G F
F A Z G W H C J Q P G B W Q T
O D M E O R E B M Z Z A D G G
U J K E I N H C E T S E K R O
C O U D N E T E I R O V A F T
T O Y S A S A L B U M O D Q S
P I M U K R T R E C N O C W K
J G G P F G I E A K E G N W W
T H K S O T K T L G E N R E K
N I E U W N V J M L S T I J L
E L I N V K I X O E I T B L V
L O Z X Q C T S L E Y N Q I W
A T U W Z Z M V T M Y C G E B
T I M P R O V I S A T I E D H
C Z A R T I E S T N A D R U K
```

ARTIEST
ALBUM
LIED
SAMENSTELLING
COMPONIST
CONCERT
STIJL
NADRUK
BEROEMD
FAVORIETEN

GENRE
IMPROVISATIE
MUZIEK
NIEUW
ORKEST
RITME
TALENT
DRUMS
TECHNIEK
OUD

94 - Mediciones

```
B  X  O  U  T  O  K  K  K  S  Z  X  O  P  M
T  R  E  T  E  M  A  R  G  O  L  I  K  E  H
U  Z  E  R  H  B  I  N  C  H  K  W  S  M  G
Q  X  G  E  F  C  Y  S  H  B  T  O  N  C  U
H  A  V  T  D  R  E  T  E  M  I  T  N  E  C
Q  O  S  I  E  T  G  N  E  L  P  U  P  E  B
N  V  O  L  U  R  E  L  C  X  N  U  E  S  K
Y  I  V  G  T  N  D  A  A  R  G  N  H  U  M
O  N  H  P  T  B  E  A  M  S  T  I  C  D  I
D  I  C  P  I  E  T  M  A  R  G  M  Z  L  Y
L  V  O  L  U  M  E  I  B  Z  Q  K  S  X  S
D  I  E  P  T  E  Y  C  W  O  H  Z  C  O  J
K  I  L  O  M  E  T  E  R  N  X  T  W  H  T
G  E  W  I  C  H  T  D  A  S  S  A  M  H  Z
P  O  B  U  W  T  F  X  M  G  C  R  A  X  G
```

HOOGTE	LENGTE
BREEDTE	MASSA
BYTE	METER
CENTIMETER	MINUUT
DECIMAAL	ONS
GRAAD	GEWICHT
GRAM	DIEPTE
KILOGRAM	INCH
KILOMETER	TON
LITER	VOLUME

95 - Barcos

```
K  T  O  O  B  R  E  E  V  Z  E  E  B  R  X
A  M  F  T  O  N  A  K  A  J  A  K  E  I  J
J  N  A  A  E  C  O  B  Z  W  H  O  M  V  K
O  C  K  S  I  E  V  N  K  L  I  K  A  I  N
X  L  N  E  I  M  L  R  O  P  Z  B  N  E  C
O  O  A  E  R  E  O  I  R  J  M  T  N  R  M
V  I  H  C  S  I  T  U  A  N  A  X  I  E  D
K  Z  Z  Y  N  T  M  K  H  S  S  K  N  E  Q
D  R  V  U  J  I  T  A  L  B  T  W  G  M  D
Y  C  L  G  Q  R  A  O  T  H  C  A  J  P  C
A  H  S  F  T  A  M  A  U  R  I  V  M  H  W
M  O  T  O  R  M  X  G  Q  W  O  D  B  O  D
Z  E  I  L  B  O  O  T  Z  X  O  O  I  L  D
O  E  Y  Y  O  Y  F  S  P  E  Q  Q  S  N  Y
K  P  C  S  R  X  Q  S  M  T  I  I  M  D  H
```

ANKER	MATROOS
VLOT	MARITIEM
BOEI	MAST
KANO	MOTOR
TOUW	NAUTISCH
VEERBOOT	OCEAAN
KAJAK	RIVIER
MEER	BEMANNING
ZEE	ZEILBOOT
TIJ	JACHT

96 - Antártida

```
R E T S L E G O V N F Z C W L
O X O X C H C E N Q M G N O I
T P P E C H H Y O Y S W F L S
S E O I L O I G D G I J S K V
A D G L K D N E Q N R L E E S
C I R A S B H T R E T A W N R
H T A N B A A I I E O Q F K T
T I F D X N Ï U G N I P R I K
I E I E S R E J S T E L G T E
G Y E N L J K R A L R N A D O
R W R U U T A R E P M E T N E
B E H O U D I N H A M R Y R D
O N D E R Z O E K E R N D L W
M I G R A T I E W W A Q O I E
M I N E R A L E N Y P L Z V N
```

WATER
BAAI
BEHOUD
CONTINENT
INHAM
EXPEDITIE
GEOGRAFIE
GLETSJERS
IJS
ONDERZOEKER

EILANDEN
MIGRATIE
MINERALEN
WOLKEN
VOGELS
SCHIEREILAND
PINGUÏN
ROTSACHTIG
TEMPERATUUR
TOPOGRAFIE

97 - Mamíferos

```
A I X D X X P A A H C S I M R
D O L F I J N A G O R I L L A
R Q E B A P V P S K O N I J N
A Z E E S R W Q T M N R W H V
A T M E C S I K I D B Z A I O
P U A R N V U G E Q G L L Q S
L W K Z D F Y R R O K U V N K
H H N G C O Y O T E Y I L A
J O C K A T X S O A D T S Q N
G Q N J L E M X W P D S F L G
V Z O D Y A F A N U M J M C O
V S E O B Q W R B F E Z E L E
P N Y B L D T S L C T R F V R
Z M O O R E H U M M E H S A O
W K P T N A F I L O W O L F E
```

WALVIS	KAT
EZEL	GORILLA
PAARD	GIRAF
KAMEEL	WOLF
KANGOEROE	AAP
ZEBRA	BEER
KONIJN	SCHAAP
COYOTE	HOND
DOLFIJN	STIER
OLIFANT	VOS

98 - Boxeo

```
G H K S V V Q J X P L F A S D
D O Q V T P U O K U I X T N P
N E P P O H C S S U C O F E U
E K E L L E B O O G H V P L N
N K G O C F F K A B A K O B T
E I K U V G G K L Y A D L R E
O N B G O U Y B D B M U K O N
H H T E G E N S T A N D E R K
C E S H V A A R D I G H E I D
S R I L C I N F T S P U I D G
D S U A T A Z D O X R I I T Q
N T V C C G R T U P E G T I U
A E J Z A A R K W Y R U G W N
H L F T M P A M E S D N Y R R
V E C H T E R U N I J D M R P
```

KIN   HANDSCHOENEN
KLOK   VAARDIGHEID
FOCUS   VECHTER
ELLEBOOG   TEGENSTANDER
TOUWEN   SCHOPPEN
LICHAAM   PUNTEN
HOEK   VUIST
UITGEPUT   SNEL
KRACHT   HERSTEL

99 - Abejas

```
S Y E R Y Y J I I X L W T B T
V T E E W A S H P W N Z Y L U
K L U V H V A S M Q A G O O I
O G E I M E E T S Y S O C E N
N R P U F R O K N E J I B M O
I S J T G M P L A N T E N E Z
N X P S V E E B L H Y M R N P
G Z W E R M L E I N S E C T O
I N T B W E R S L E S D E O V
N D I J D U O S W D K D U P X
X Y U N E H O B L O E S E M S
G P R E O M K M V I P J N A E
J U F Y D H V O O R D E L I G
D I V E R S I T E I T W D J V
Y J G C D N L Z H O G O J F U
```

VLEUGELS
VOORDELIG
WAS
BIJENKORF
VOEDSEL
DIVERSITEIT
ECOSYSTEEM
ZWERM
BLOESEM
BLOEMEN

FRUIT
ROOK
INSECT
TUIN
HONING
PLANTEN
STUIFMEEL
BESTUIVER
KONINGIN
ZON

100 - Psicología

```
C O G N I T I E Q U F Q S K G
M E R V A R I N G E N K S L E
A L P W X S Q K T I G R O I D
I D E E Ë N Z C A P E E O N A
F E X O G Z F O E A D I L I C
G W J G V X U N N R R T E S H
O H L E P E I F J E A P T C T
J E U G D N G L M H G E S H E
Y D R O M E N I C T I C U F N
E D G I X J R C N W L R W S A
P Z D W S E I T O M E E E I D
K E P R O B L E E M W P B P S
O N D E R B E W U S T L L K M
K Z B E O O R D E L I N G P Q
S Y I R E A L I T E I T F N P
```

AFSPRAAK

KLINISCH

COGNITIE

GEDRAG

CONFLICT

EGO

EMOTIES

BEOORDELING

ERVARINGEN

IDEEËN

BEWUSTELOOS

JEUGD

GEDACHTEN

PERCEPTIE

PROBLEEM

REALITEIT

GEVOEL

ONDERBEWUST

DROMEN

THERAPIE

1 - Agua

2 - Arqueología

3 - Granja #2

4 - La Empresa

5 - Aviones

6 - Tipos de Cabello

7 - Ciencia Ficción

8 - Granja #1

9 - Camping

10 - Fruta

11 - Geología

12 - Álgebra

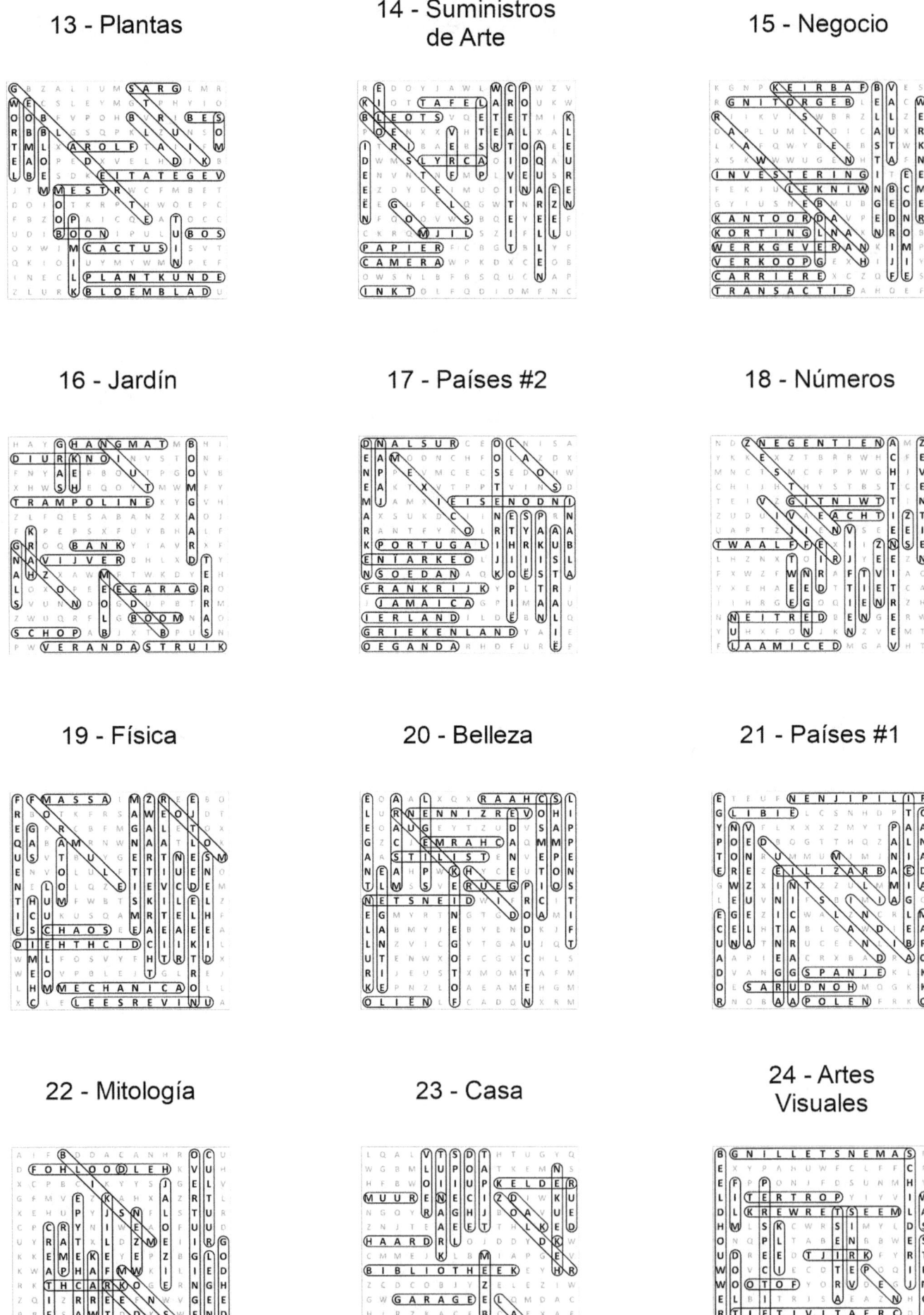

25 - Salud y Bienestar #2

26 - Selva Tropical

27 - Adjetivos #1

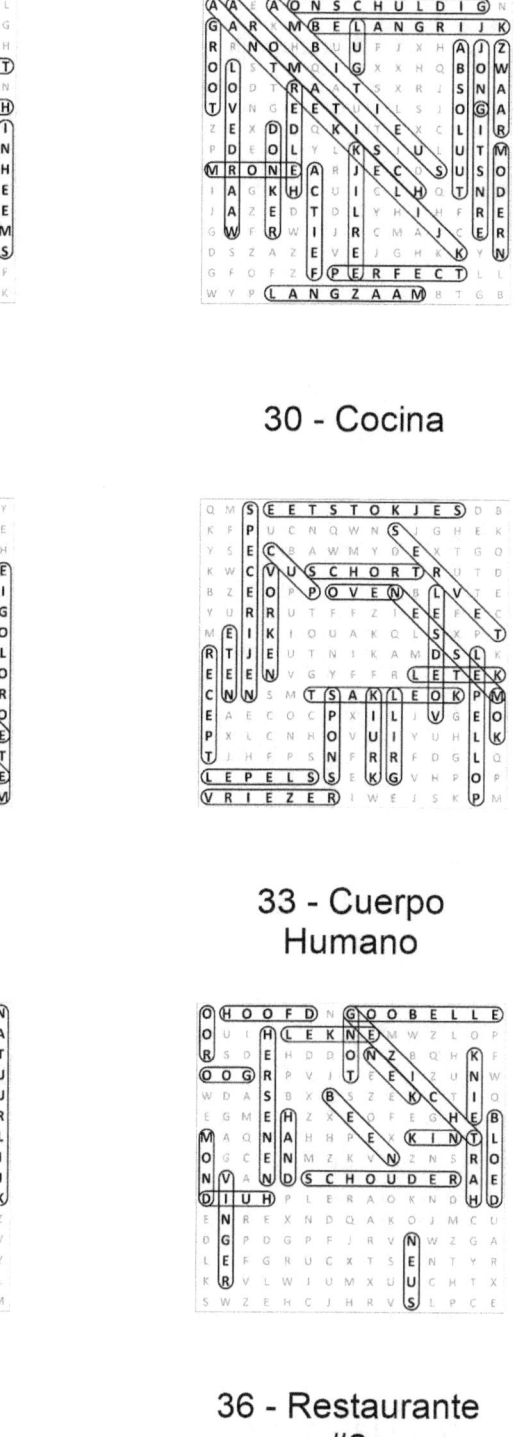

28 - Familia

29 - Disciplinas Científicas

30 - Cocina

31 - Salud y Bienestar #1

32 - Adjetivos #2

33 - Cuerpo Humano

34 - Calentamiento GI

35 - Ciencia

36 - Restaurante #2

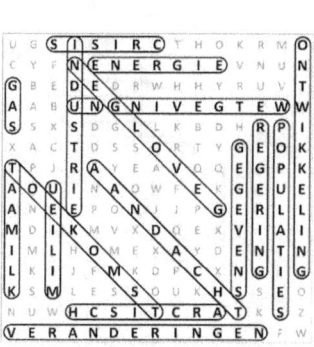
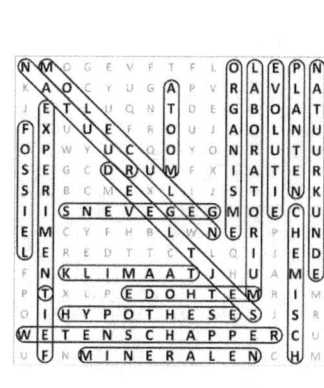

37 - Profesiones #1

38 - Vehículos

39 - Geometría

40 - Vacaciones #2

41 - Baile

42 - Matemáticas

43 - Restaurante #1

44 - Profesiones #2

45 - Senderismo

46 - Naturaleza

47 - Conduciendo

48 - Ballet

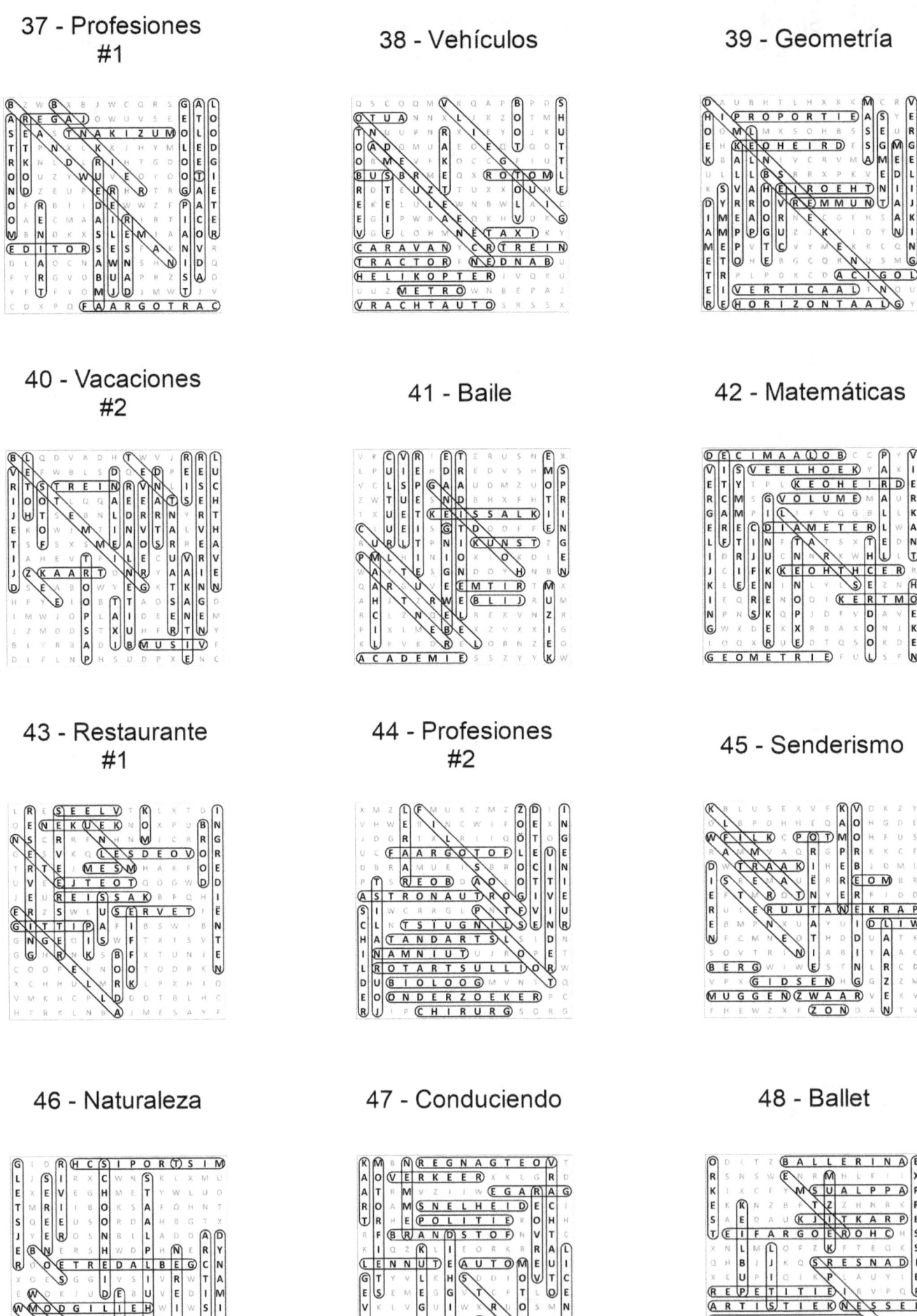

49 - Fuerza y Gravedad

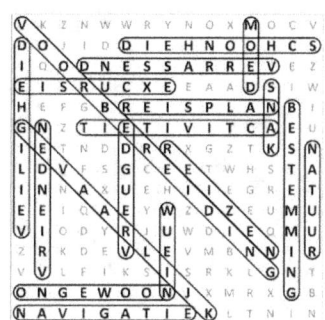

50 - Aventura

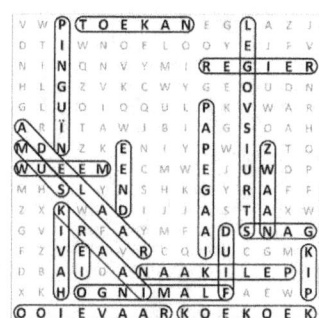

51 - Pájaros

52 - Geografía

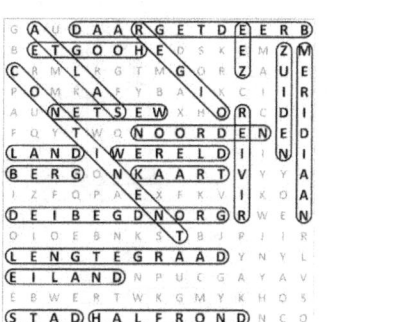

53 - Música

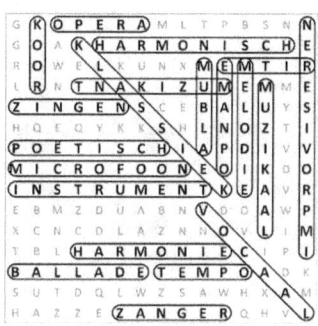

54 - Enfermedad

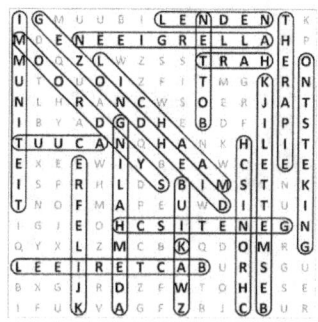

55 - Actividades

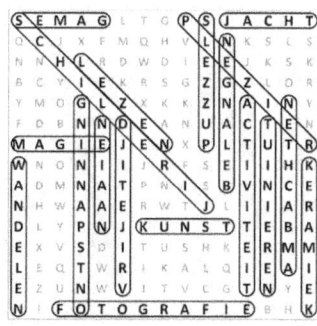

56 - Verduras

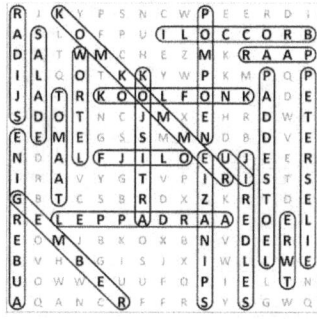

57 - Instrumentos Musicales

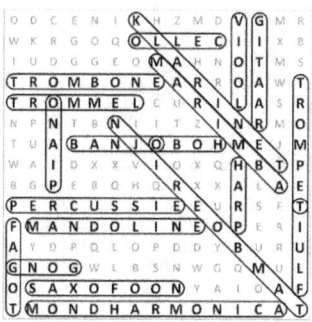

58 - Formas

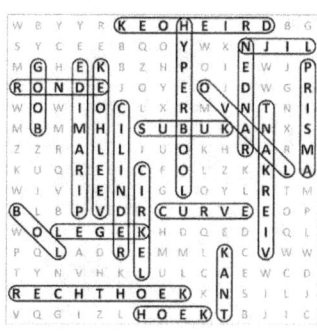

59 - Flores

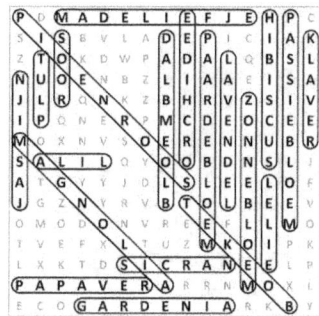

60 - Astronomía

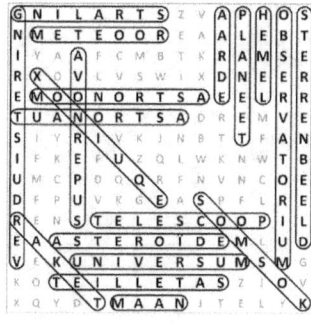

61 - Tiempo

62 - Paisajes

63 - Días y Meses

64 - Biología

65 - Chocolate

66 - Barbacoas

67 - Ropa

68 - Meditación

69 - Café

70 - Libros

71 - Los Medios de Comunicación

72 - Nutrición

73 - Edificios

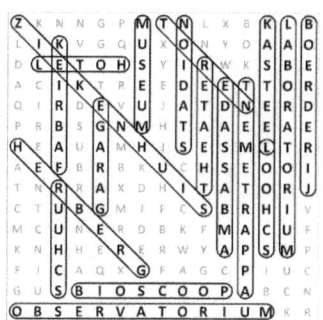

74 - Océano

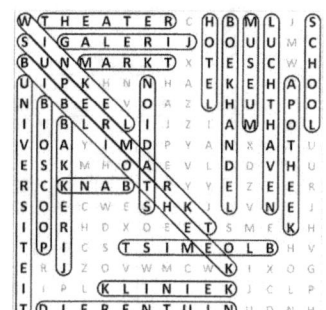

75 - Ciudad

76 - Agronomía

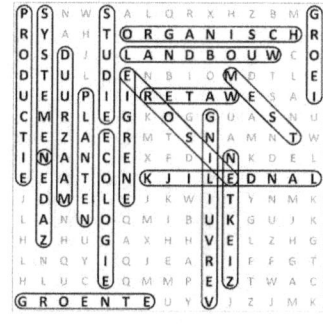

77 - Actividades y Ocio

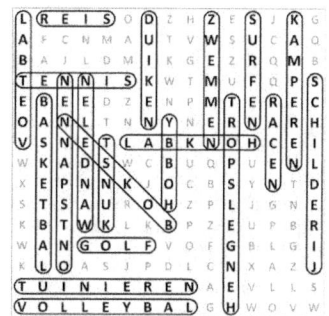

78 - Ingeniería

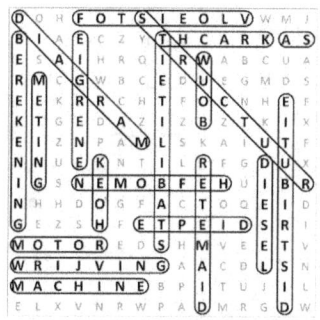

79 - Comida #1

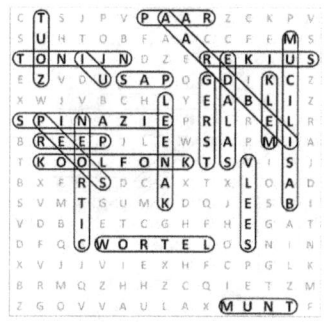

80 - Antigüedades

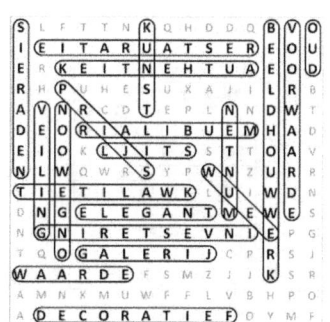

81 - Literatura

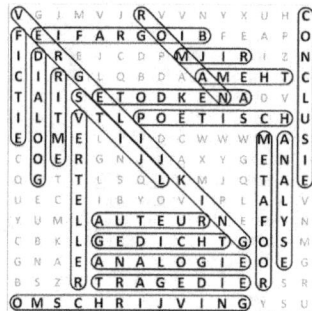

82 - Química

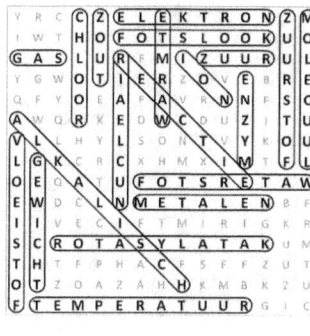

83 - Gobierno

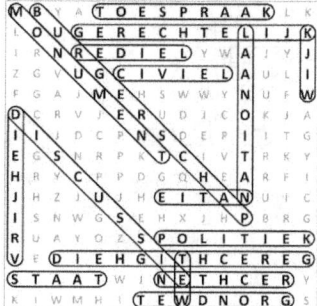

84 - Creatividad

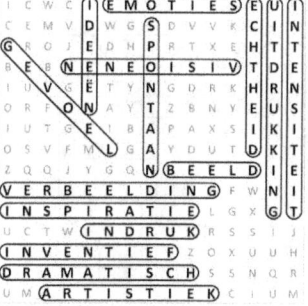

85 - Clima

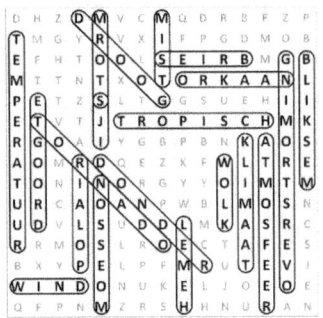

86 - Comida #2

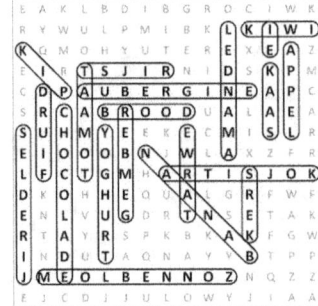

87 - Arte

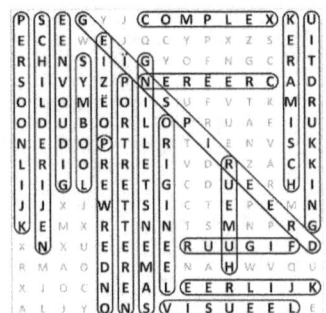

88 - Diplomacia

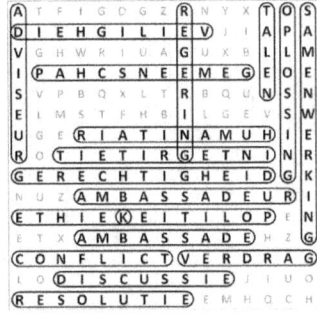

89 - Herboristería

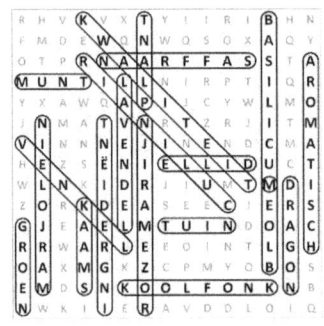

90 - Energía

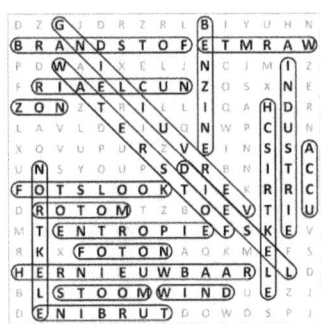

91 - Especias

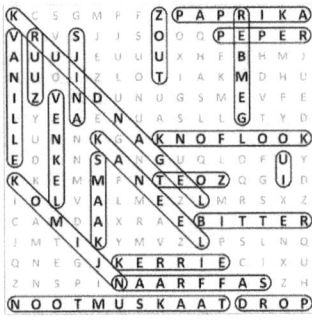

92 - Universo

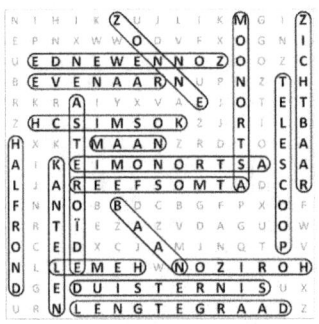

93 - Jazz

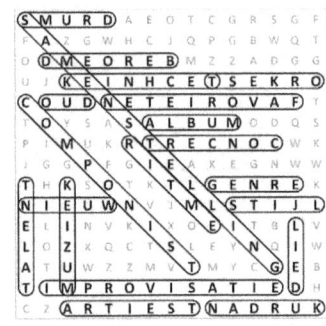

94 - Mediciones

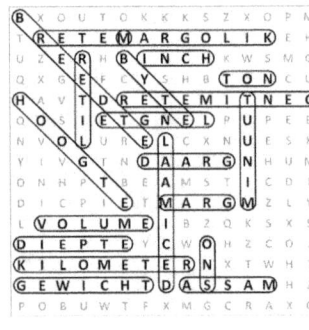

95 - Barcos

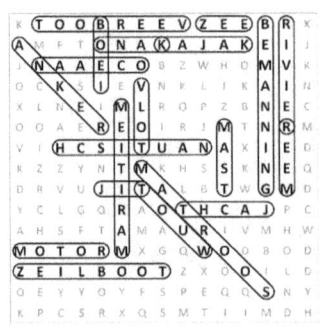

96 - Antártida

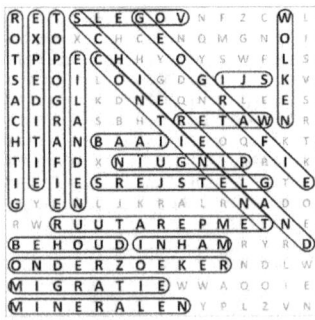

97 - Mamíferos

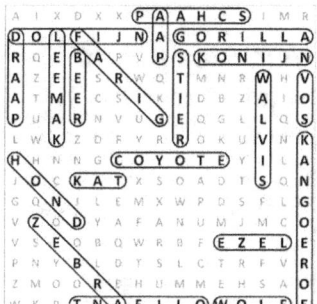

98 - Boxeo

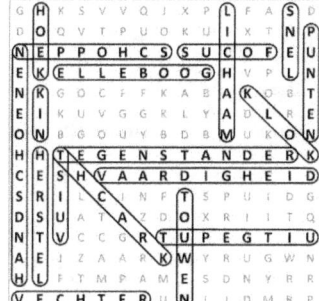

99 - Abejas

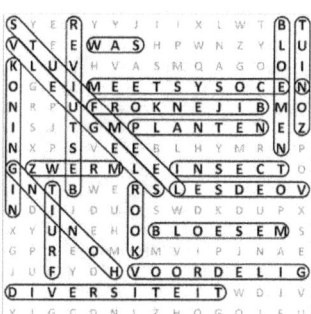

100 - Psicología

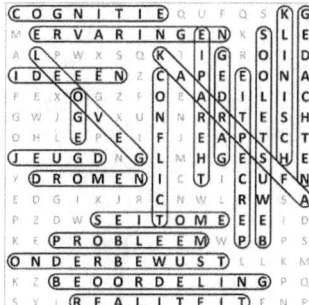

Diccionario

Abejas
Bijen

Alas	Vleugels
Beneficioso	Voordelig
Cera	Was
Colmena	Bijenkorf
Comida	Voedsel
Diversidad	Diversiteit
Ecosistema	Ecosysteem
Enjambre	Zwerm
Flor	Bloesem
Flores	Bloemen
Fruta	Fruit
Humo	Rook
Insecto	Insect
Jardín	Tuin
Miel	Honing
Plantas	Planten
Polen	Stuifmeel
Polinizador	Bestuiver
Reina	Koningin
Sol	Zon

Actividades
Activiteiten

Actividad	Activiteit
Arte	Kunst
Artesanía	Ambachten
Caza	Jacht
Cerámica	Keramiek
Costura	Naaien
Fotografía	Fotografie
Habilidad	Vaardigheid
Intereses	Belangen
Jardinería	Tuinieren
Juegos	Games
Lectura	Lezen
Magia	Magie
Ocio	Vrije Tijd
Pesca	Hengelsport
Pintura	Schilderij
Placer	Plezier
Relajación	Ontspanning
Rompecabezas	Puzzels
Senderismo	Wandelen

Actividades y Ocio
Activiteiten en Vrije Ti

Aficiones	Hobby
Arte	Kunst
Baloncesto	Basketbal
Béisbol	Honkbal
Boxeo	Boksen
Buceo	Duiken
Camping	Kamperen
Carreras	Racen
Fútbol	Voetbal
Golf	Golf
Jardinería	Tuinieren
Natación	Zwemmen
Pesca	Hengelsport
Pintura	Schilderij
Relajante	Ontspannen
Senderismo	Wandelen
Surf	Surfen
Tenis	Tennis
Viaje	Reis
Voleibol	Volleybal

Adjetivos #1
Bijvoeglijke Naamwoorden

Absoluto	Absoluut
Activo	Actief
Ambicioso	Ambitieus
Aromático	Aromatisch
Atractivo	Aantrekkelijk
Brillante	Helder
Enorme	Enorm
Generoso	Gul
Grande	Groot
Honesto	Eerlijk
Importante	Belangrijk
Inocente	Onschuldig
Joven	Jong
Lento	Langzaam
Moderno	Modern
Oscuro	Donker
Perfecto	Perfect
Pesado	Zwaar
Serio	Ernstig
Valioso	Waardevol

Adjetivos #2
Bijvoeglijke Naamwoorden

Cansado	Moe
Comestible	Eetbaar
Creativo	Creatief
Descriptivo	Beschrijvend
Dramático	Dramatisch
Dulce	Zoet
Elegante	Elegant
Famoso	Beroemd
Fresco	Vers
Fuerte	Sterk
Interesante	Interessant
Natural	Natuurlijk
Normal	Normaal
Nuevo	Nieuw
Orgulloso	Trots
Picante	Pittig
Productivo	Productief
Salado	Zout
Saludable	Gezond
Seco	Droog

Agronomía
Agronomie

Agricultura	Landbouw
Agua	Water
Ciencia	Wetenschap
Contaminación	Vervuiling
Crecimiento	Groei
Ecología	Ecologie
Energía	Energie
Enfermedades	Ziekten
Erosión	Erosie
Estudio	Studie
Fertilizante	Mest
Identificación	Identificatie
Orgánico	Organisch
Plantas	Planten
Producción	Productie
Rural	Landelijk
Semillas	Zaden
Sistemas	Systemen
Sostenible	Duurzaam
Verduras	Groente

Agua
Water

Canal	Kanaal
Ducha	Douche
Evaporación	Verdamping
Géiser	Geiser
Helada	Vorst
Hielo	Ijs
Humedad	Vochtigheid
Huracán	Orkaan
Húmedo	Vochtig
Inundación	Overstroming
Lago	Meer
Lluvia	Regen
Monzón	Moesson
Nieve	Sneeuw
Océano	Oceaan
Olas	Golven
Potable	Drinkbaar
Riego	Irrigatie
Río	Rivier
Vapor	Stoom

Antártida
Antarctica

Agua	Water
Bahía	Baai
Conservación	Behoud
Continente	Continent
Ensenada	Inham
Expedición	Expeditie
Geografía	Geografie
Glaciares	Gletsjers
Hielo	Ijs
Investigador	Onderzoeker
Islas	Eilanden
Migración	Migratie
Minerales	Mineralen
Nubes	Wolken
Pájaros	Vogels
Península	Schiereiland
Pingüinos	Pinguïn
Rocoso	Rotsachtig
Temperatura	Temperatuur
Topografía	Topografie

Antigüedades
Antiek

Arte	Kunst
Auténtico	Authentiek
Calidad	Kwaliteit
Condición	Voorwaarde
Decorativo	Decoratief
Elegante	Elegant
Escultura	Beeldhouwwerk
Estilo	Stijl
Galería	Galerij
Inusual	Ongewoon
Inversión	Investering
Joyas	Sieraden
Monedas	Munten
Mueble	Meubilair
Precio	Prijs
Restauración	Restauratie
Siglo	Eeuw
Subasta	Veiling
Valor	Waarde
Viejo	Oud

Arqueología
Archeologie

Análisis	Analyse
Antigüedad	Oudheid
Años	Jaren
Civilización	Beschaving
Descendiente	Nakomeling
Desconocido	Onbekend
Equipo	Team
Era	Tijdperk
Evaluación	Evaluatie
Experto	Deskundige
Fósil	Fossiel
Huesos	Botten
Investigador	Onderzoeker
Misterio	Mysterie
Objetos	Objecten
Olvidado	Vergeten
Profesor	Professor
Reliquia	Relikwie
Templo	Tempel
Tumba	Graf

Arte
Kunst

Cerámica	Keramisch
Complejo	Complex
Composición	Samenstelling
Crear	Creëren
Escultura	Beeldhouwwerk
Expresión	Uitdrukking
Figura	Figuur
Honesto	Eerlijk
Humor	Humeur
Inspirado	Geïnspireerd
Original	Origineel
Personal	Persoonlijk
Pinturas	Schilderijen
Poesía	Poëzie
Retratar	Portretteren
Sencillo	Eenvoudig
Símbolo	Symbool
Surrealismo	Surrealisme
Tema	Onderwerp
Visual	Visueel

Artes Visuales
Beeldende Kunsten

Arcilla	Klei
Arquitectura	Architectuur
Artista	Artiest
Barniz	Vernis
Caballete	Ezel
Cera	Was
Cerámica	Keramiek
Composición	Samenstelling
Creatividad	Creativiteit
Escultura	Beeldhouwwerk
Fotografía	Foto
Lápiz	Potlood
Obra Maestra	Meesterwerk
Película	Film
Perspectiva	Perspectief
Pintura	Schilderij
Plantilla	Stencil
Pluma	Pen
Retrato	Portret
Tiza	Krijt

Astronomía
Astronomie

Asteroide	Asteroïde
Astronauta	Astronaut
Astrónomo	Astronoom
Cielo	Hemel
Cohete	Raket
Constelación	Sterrenbeeld
Cosmos	Kosmos
Eclipse	Verduistering
Equinoccio	Equinox
Gravedad	Zwaartekracht
Luna	Maan
Meteoro	Meteoor
Observatorio	Observatorium
Planeta	Planeet
Radiación	Straling
Satélite	Satelliet
Supernova	Supernova
Telescopio	Telescoop
Tierra	Aarde
Universo	Universum

Aventura
Avontuur

Actividad	Activiteit
Alegría	Vreugde
Amigos	Vrienden
Belleza	Schoonheid
Destino	Bestemming
Dificultad	Moeilijkheid
Entusiasmo	Enthousiasme
Excursión	Excursie
Inusual	Ongewoon
Itinerario	Reisplan
Naturaleza	Natuur
Navegación	Navigatie
Nuevo	Nieuw
Oportunidad	Kans
Peligroso	Gevaarlijk
Preparación	Voorbereiding
Seguridad	Veiligheid
Sorprendente	Verrassend
Valentía	Moed
Viajes	Reizen

Aviones
Vliegtuigen

Aire	Lucht
Altura	Hoogte
Aterrizaje	Landen
Atmósfera	Atmosfeer
Aventura	Avontuur
Cielo	Hemel
Combustible	Brandstof
Construcción	Bouw
Dirección	Richting
Diseño	Ontwerp
Globo	Ballon
Hélices	Propellers
Hidrógeno	Waterstof
Historia	Geschiedenis
Motor	Motor
Navegar	Navigeren
Pasajero	Passagier
Piloto	Piloot
Tripulación	Bemanning
Turbulencia	Turbulentie

Álgebra
Algebra

Cantidad	Hoeveelheid
Cero	Nul
Diagrama	Diagram
División	Divisie
Ecuación	Vergelijking
Exponente	Exponent
Factor	Factor
Falso	Vals
Fórmula	Formule
Fracción	Fractie
Infinito	Oneindig
Lineal	Lineair
Matriz	Matrix
Número	Nummer
Paréntesis	Haakje
Problema	Probleem
Resolver	Oplossen
Resta	Aftrekken
Solución	Oplossing
Variable	Variabele

Baile
Dans

Academia	Academie
Alegre	Blij
Arte	Kunst
Clásico	Klassiek
Coreografía	Choreografie
Cuerpo	Lichaam
Cultura	Cultuur
Cultural	Cultureel
Emoción	Emotie
Ensayo	Repetitie
Expresivo	Expressief
Gracia	Genade
Movimiento	Beweging
Música	Muziek
Postura	Houding
Ritmo	Ritme
Saltar	Springen
Socio	Partner
Tradicional	Traditioneel
Visual	Visueel

Ballet
Ballet

Aplauso	Applaus
Artístico	Artistiek
Audiencia	Publiek
Bailarina	Ballerina
Bailarines	Dansers
Compositor	Componist
Coreografía	Choreografie
Ensayo	Repetitie
Estilo	Stijl
Expresivo	Expressief
Gesto	Gebaar
Habilidad	Vaardigheid
Intensidad	Intensiteit
Lecciones	Lessen
Músculos	Spieren
Música	Muziek
Orquesta	Orkest
Práctica	Praktijk
Ritmo	Ritme
Técnica	Techniek

Barbacoas
Barbecues

Almuerzo	Lunch
Caliente	Heet
Cebollas	Uien
Cena	Diner
Cuchillos	Messen
Ensaladas	Salades
Familia	Familie
Fruta	Fruit
Hambre	Honger
Juegos	Games
Música	Muziek
Niños	Kinderen
Parrilla	Grill
Pimienta	Peper
Pollo	Kip
Sal	Zout
Salsa	Saus
Tomates	Tomaten
Verano	Zomer
Verduras	Groente

Barcos
Boten

Ancla	Anker
Balsa	Vlot
Boya	Boei
Canoa	Kano
Cuerda	Touw
Ferry	Veerboot
Kayak	Kajak
Lago	Meer
Mar	Zee
Marea	Tij
Marinero	Matroos
Marítimo	Maritiem
Mástil	Mast
Motor	Motor
Náutico	Nautisch
Océano	Oceaan
Río	Rivier
Tripulación	Bemanning
Velero	Zeilboot
Yate	Jacht

Belleza
Schoonheid

Aceites	Oliën
Champú	Shampoo
Color	Kleur
Cosméticos	Cosmetica
Elegancia	Elegantie
Elegante	Elegant
Encanto	Charme
Espejo	Spiegel
Estilista	Stilist
Fotogénico	Fotogeniek
Fragancia	Geur
Gracia	Genade
Maquillaje	Verzinnen
Piel	Huid
Pintalabios	Lippenstift
Productos	Producten
Rizos	Krullen
Rímel	Mascara
Servicios	Diensten
Tijeras	Schaar

Biología
Biologie

Anatomía	Anatomie
Bacterias	Bacteriën
Celda	Cel
Colágeno	Collageen
Cromosoma	Chromosoom
Embrión	Embryo
Enzima	Enzym
Evolución	Evolutie
Fotosíntesis	Fotosynthese
Hormona	Hormoon
Mamífero	Zoogdier
Mutación	Mutatie
Natural	Natuurlijk
Nervio	Zenuw
Neurona	Neuron
Ósmosis	Osmose
Proteína	Eiwit
Reptil	Reptiel
Simbiosis	Symbiose
Sinapsis	Synaps

Boxeo
Boksen

Barbilla	Kin
Campana	Klok
Centrar	Focus
Codo	Elleboog
Cuerdas	Touwen
Cuerpo	Lichaam
Esquina	Hoek
Exhausto	Uitgeput
Fuerza	Kracht
Guantes	Handschoenen
Habilidad	Vaardigheid
Lesiones	Verwondingen
Luchador	Vechter
Oponente	Tegenstander
Patear	Schoppen
Puntos	Punten
Puño	Vuist
Rápido	Snel
Recuperación	Herstel

Café
Koffie

Agua	Water
Amargo	Bitter
Aroma	Aroma
Asado	Geroosterd
Azúcar	Suiker
Ácido	Zuur
Bebida	Drank
Cafeína	Cafeïne
Crema	Room
Filtro	Filter
Leche	Melk
Líquido	Vloeistof
Mañana	Ochtend
Moler	Malen
Negro	Zwart
Origen	Oorsprong
Precio	Prijs
Sabor	Smaak
Taza	Beker
Variedad	Variëteit

Calentamiento Global
Opwarming van de Aarde

Ahora	Nu
Ambiental	Milieu
Atención	Aandacht
Ártico	Arctisch
Cambios	Veranderingen
Científico	Wetenschapper
Clima	Klimaat
Consecuencias	Gevolgen
Crisis	Crisis
Datos	Gegevens
Desarrollo	Ontwikkeling
Energía	Energie
Futuro	Toekomst
Gas	Gas
Generaciones	Generaties
Gobierno	Regering
Industria	Industrie
Legislación	Wetgeving
Poblaciones	Populaties
Temperaturas	Temperaturen

Camping
Camping

Animales	Dieren
Aventura	Avontuur
Árboles	Bomen
Bosque	Bos
Brújula	Kompas
Cabina	Cabine
Canoa	Kano
Caza	Jacht
Cuerda	Touw
Equipo	Apparatuur
Fuego	Brand
Hamaca	Hangmat
Insecto	Insect
Lago	Meer
Linterna	Lantaarn
Luna	Maan
Mapa	Kaart
Montaña	Berg
Naturaleza	Natuur
Sombrero	Hoed

Casa
Huis

Alfombra	Tapijt
Ático	Zolder
Biblioteca	Bibliotheek
Chimenea	Haard
Cocina	Keuken
Dormitorio	Slaapkamer
Ducha	Douche
Escoba	Bezem
Espejo	Spiegel
Garaje	Garage
Grifo	Kraan
Jardín	Tuin
Lámpara	Lamp
Pared	Muur
Piso	Vloer
Puerta	Deur
Sótano	Kelder
Techo	Dak
Valla	Hek
Ventana	Raam

Chocolate
Chocolade

Amargo	Bitter
Antioxidante	Antioxidant
Aroma	Aroma
Artesanal	Artisanaal
Azúcar	Suiker
Cacahuetes	Pinda'S
Cacao	Cacao
Calidad	Kwaliteit
Calorías	Calorieën
Caramelo	Karamel
Coco	Kokosnoot
Comer	Eten
Delicioso	Heerlijk
Dulce	Zoet
Exótico	Exotisch
Favorito	Favoriet
Gusto	Smaak
Ingrediente	Ingrediënt
Polvo	Poeder
Receta	Recept

Ciencia
Wetenschap

Átomo	Atoom
Científico	Wetenschapper
Clima	Klimaat
Datos	Gegevens
Evolución	Evolutie
Experimento	Experiment
Física	Natuurkunde
Fósil	Fossiel
Gravedad	Zwaartekracht
Hecho	Feit
Hipótesis	Hypothese
Laboratorio	Laboratorium
Método	Methode
Minerales	Mineralen
Moléculas	Moleculen
Naturaleza	Natuur
Organismo	Organisme
Partículas	Deeltjes
Plantas	Planten
Químico	Chemisch

Ciencia Ficción
Meer Informatie

Atómico	Atoom
Cine	Bioscoop
Distante	Ver
Escenario	Scenario
Explosión	Explosie
Extremo	Extreem
Fantástico	Fantastisch
Fuego	Brand
Futurista	Futuristisch
Ilusión	Illusie
Imaginario	Denkbeeldig
Libros	Boeken
Misterioso	Mysterieus
Mundo	Wereld
Oráculo	Orakel
Planeta	Planeet
Realista	Realistisch
Robots	Robots
Tecnología	Technologie
Utopía	Utopie

Ciudad
Stad

Aeropuerto	Luchthaven
Banco	Bank
Biblioteca	Bibliotheek
Cine	Bioscoop
Clínica	Kliniek
Escuela	School
Estadio	Stadion
Farmacia	Apotheek
Florista	Bloemist
Galería	Galerij
Hotel	Hotel
Librería	Boekhandel
Mercado	Markt
Museo	Museum
Panadería	Bakkerij
Supermercado	Supermarkt
Teatro	Theater
Tienda	Winkel
Universidad	Universiteit
Zoo	Dierentuin

Clima
Weersomstandigheden

Atmósfera	Atmosfeer
Brisa	Bries
Cielo	Hemel
Clima	Klimaat
Hielo	Ijs
Huracán	Orkaan
Inundación	Overstroming
Monzón	Moesson
Niebla	Mist
Nube	Wolk
Polar	Polair
Rayo	Bliksem
Seco	Droog
Sequía	Droogte
Temperatura	Temperatuur
Tormenta	Storm
Tornado	Tornado
Tropical	Tropisch
Trueno	Donder
Viento	Wind

Cocina
Keuken

Caldera	Ketel
Comer	Eten
Comida	Voedsel
Congelador	Vriezer
Cucharas	Lepels
Cucharón	Pollepel
Cuchillos	Messen
Delantal	Schort
Especias	Specerijen
Esponja	Spons
Horno	Oven
Jarra	Kruik
Palillos	Eetstokjes
Parrilla	Grill
Receta	Recept
Refrigerador	Koelkast
Servilleta	Servet
Tazas	Cup
Tazón	Kom
Tenedores	Vorken

Comida #1
Eten #1

Ajo	Knoflook
Albahaca	Basilicum
Atún	Tonijn
Azúcar	Suiker
Canela	Kaneel
Carne	Vlees
Cebada	Gerst
Cebolla	Ui
Ensalada	Salade
Espinacas	Spinazie
Fresa	Aardbei
Jugo	Sap
Leche	Melk
Limón	Citroen
Menta	Munt
Nabo	Raap
Pera	Peer
Sal	Zout
Sopa	Soep
Zanahoria	Wortel

Comida #2
Eten #2

Alcachofa	Artisjok
Almendra	Amandel
Apio	Selderij
Arroz	Rijst
Berenjena	Aubergine
Cereza	Kers
Chocolate	Chocolade
Girasol	Zonnebloem
Huevo	Ei
Jengibre	Gember
Kiwi	Kiwi
Manzana	Appel
Pan	Brood
Plátano	Banaan
Pollo	Kip
Queso	Kaas
Tomate	Tomaat
Trigo	Tarwe
Uva	Druif
Yogur	Yoghurt

Conduciendo
Rijden

Accidente	Ongeluk
Calle	Straat
Camión	Vrachtauto
Coche	Auto
Combustible	Brandstof
Frenos	Remmen
Garaje	Garage
Gas	Gas
Licencia	Licentie
Mapa	Kaart
Motocicleta	Motorfiets
Motor	Motor
Peatonal	Voetganger
Peligro	Gevaar
Policía	Politie
Seguridad	Veiligheid
Transporte	Vervoer
Tráfico	Verkeer
Túnel	Tunnel
Velocidad	Snelheid

Creatividad
Creativiteit

Artístico	Artistiek
Autenticidad	Echtheid
Claridad	Helderheid
Dramático	Dramatisch
Emociones	Emoties
Espontáneo	Spontaan
Expresión	Uitdrukking
Fluidez	Vloeibaarheid
Habilidad	Vaardigheid
Ideas	Ideeën
Imagen	Beeld
Imaginación	Verbeelding
Impresión	Indruk
Inspiración	Inspiratie
Intensidad	Intensiteit
Intuición	Intuïtie
Inventivo	Inventief
Sensación	Gevoel
Visiones	Visioenen
Vitalidad	Vitaliteit

Cuerpo Humano
Menselijk Lichaam

Barbilla	Kin
Boca	Mond
Cabeza	Hoofd
Cara	Gezicht
Cerebro	Hersenen
Codo	Elleboog
Corazón	Hart
Cuello	Nek
Dedo	Vinger
Hombro	Schouder
Lengua	Tong
Mano	Hand
Nariz	Neus
Ojo	Oog
Oreja	Oor
Piel	Huid
Pierna	Been
Rodilla	Knie
Sangre	Bloed
Tobillo	Enkel

Diplomacia
Diplomatie

Asesor	Adviseur
Comunidad	Gemeenschap
Conflicto	Conflict
Cooperación	Samenwerking
Diplomático	Diplomatiek
Discusión	Discussie
Embajada	Ambassade
Embajador	Ambassadeur
Extranjero	Buitenlands
Ética	Ethiek
Gobierno	Regering
Humanitario	Humanitair
Idiomas	Talen
Integridad	Integriteit
Justicia	Gerechtigheid
Política	Politiek
Resolución	Resolutie
Seguridad	Veiligheid
Solución	Oplossing
Tratado	Verdrag

Disciplinas Científicas
Wetenschappelijke Discip

Anatomía	Anatomie
Arqueología	Archeologie
Astronomía	Astronomie
Biología	Biologie
Bioquímica	Biochemie
Botánica	Plantkunde
Ecología	Ecologie
Fisiología	Fysiologie
Geología	Geologie
Inmunología	Immunologie
Lingüística	Taalkunde
Mecánica	Mechanica
Meteorología	Meteorologie
Mineralogía	Mineralogie
Neurología	Neurologie
Nutrición	Voeding
Psicología	Psychologie
Química	Chemie
Sociología	Sociologie
Zoología	Zoölogie

Días y Meses
Dagen en Maanden

Abril	April
Agosto	Augustus
Año	Jaar
Calendario	Kalender
Domingo	Zondag
Enero	Januari
Febrero	Februari
Jueves	Donderdag
Julio	Juli
Junio	Juni
Lunes	Maandag
Martes	Dinsdag
Mes	Maand
Miércoles	Woensdag
Noviembre	November
Octubre	Oktober
Sábado	Zaterdag
Semana	Week
Septiembre	September
Viernes	Vrijdag

Edificios
Gebouwen

Albergue	Herberg
Apartamento	Appartement
Castillo	Kasteel
Cine	Bioscoop
Embajada	Ambassade
Escuela	School
Estadio	Stadion
Fábrica	Fabriek
Garaje	Garage
Granero	Schuur
Granja	Boerderij
Hospital	Ziekenhuis
Hotel	Hotel
Laboratorio	Laboratorium
Museo	Museum
Observatorio	Observatorium
Supermercado	Supermarkt
Teatro	Theater
Torre	Toren
Universidad	Universiteit

Energía
Energie

Batería	Accu
Calor	Warmte
Carbono	Koolstof
Combustible	Brandstof
Contaminación	Vervuiling
Diesel	Diesel
Electrón	Elektron
Eléctrico	Elektrisch
Entropía	Entropie
Fotón	Foton
Gasolina	Benzine
Hidrógeno	Waterstof
Industria	Industrie
Motor	Motor
Nuclear	Nucleair
Renovable	Hernieuwbaar
Sol	Zon
Turbina	Turbine
Vapor	Stoom
Viento	Wind

Enfermedad
Ziekte

Abdominal	Buik
Agudo	Acuut
Alergias	Allergieën
Bacteriano	Bacterieel
Contagioso	Besmettelijk
Corazón	Hart
Crónica	Chronisch
Cuerpo	Lichaam
Débil	Zwak
Genético	Genetisch
Hereditario	Erfelijk
Huesos	Botten
Inflamación	Ontsteking
Inmunidad	Immuniteit
Lumbar	Lenden-
Neuropatía	Neuropathie
Respiratorio	Ademhaling
Salud	Gezondheid
Síndrome	Syndroom
Terapia	Therapie

Especias
Specerijen

Agrio	Zuur
Ajo	Knoflook
Amargo	Bitter
Anís	Anijs
Azafrán	Saffraan
Canela	Kaneel
Cebolla	Ui
Clavo	Kruidnagel
Comino	Komijn
Curry	Kerrie
Dulce	Zoet
Hinojo	Venkel
Jengibre	Gember
Nuez Moscada	Nootmuskaat
Pimentón	Paprika
Pimienta	Peper
Regaliz	Drop
Sabor	Smaak
Sal	Zout
Vainilla	Vanille

Familia
Familie

Abuela	Grootmoeder
Abuelo	Opa
Antepasado	Voorouder
Esposa	Vrouw
Gemelos	Tweeling
Hermana	Zus
Hermano	Broer
Hija	Dochter
Infancia	Jeugd
Madre	Moeder
Marido	Man
Nieto	Kleinzoon
Niño	Kind
Niños	Kinderen
Padre	Vader
Paterno	Vaderlijk
Sobrina	Nicht
Sobrino	Neef
Tía	Tante
Tío	Oom

Física
Natuurkunde

Aceleración	Versnelling
Átomo	Atoom
Caos	Chaos
Densidad	Dichtheid
Electrón	Elektron
Fórmula	Formule
Frecuencia	Frequentie
Gas	Gas
Gravedad	Zwaartekracht
Magnetismo	Magnetisme
Masa	Massa
Mecánica	Mechanica
Molécula	Molecuul
Motor	Motor
Nuclear	Nucleair
Partícula	Deeltje
Químico	Chemisch
Relatividad	Relativiteit
Universal	Universeel
Velocidad	Snelheid

Flores
Bloemen

Amapola	Papaver
Diente de León	Paardebloem
Gardenia	Gardenia
Girasol	Zonnebloem
Hibisco	Hibiscus
Jazmín	Jasmijn
Lavanda	Lavendel
Lila	Lila
Lirio	Lelie
Magnolia	Magnolia
Margarita	Madeliefje
Narciso	Narcis
Orquídea	Orchidee
Pasionaria	Passiebloem
Peonía	Pioenroos
Pétalo	Bloemblad
Ramo	Boeket
Rosa	Roos
Trébol	Klaver
Tulipán	Tulp

Formas
Vormen

Arco	Boog
Bordes	Randen
Cilindro	Cilinder
Círculo	Cirkel
Cono	Kegel
Cuadrado	Vierkant
Cubo	Kubus
Curva	Curve
Esfera	Bol
Esquina	Hoek
Hipérbola	Hyperbool
Lado	Kant
Línea	Lijn
Oval	Ovaal
Pirámide	Piramide
Polígono	Veelhoek
Prisma	Prisma
Rectángulo	Rechthoek
Ronda	Ronde
Triángulo	Driehoek

Fruta
Fruit

Aguacate	Avocado
Albaricoque	Abrikoos
Baya	Bes
Cereza	Kers
Coco	Kokosnoot
Frambuesa	Framboos
Guayaba	Guave
Kiwi	Kiwi
Limón	Citroen
Mango	Mango
Manzana	Appel
Melocotón	Perzik
Melón	Meloen
Naranja	Oranje
Nectarina	Nectarine
Papaya	Papaja
Pera	Peer
Piña	Ananas
Plátano	Banaan
Uva	Druif

Fuerza y Gravedad
Kracht en Zwaartekracht

Centro	Centrum
Descubrimiento	Ontdekking
Dinámico	Dynamisch
Distancia	Afstand
Eje	As
Expansión	Uitbreiding
Física	Natuurkunde
Fricción	Wrijving
Impacto	Impact
Magnetismo	Magnetisme
Magnitud	Omvang
Mecánica	Mechanica
Órbita	Baan
Peso	Gewicht
Planetas	Planeten
Presión	Druk
Propiedades	Eigendommen
Tiempo	Tijd
Universal	Universeel
Velocidad	Snelheid

Geografía
Geografie

Altitud	Hoogte
Atlas	Atlas
Ciudad	Stad
Continente	Continent
Hemisferio	Halfrond
Isla	Eiland
Latitud	Breedtegraad
Longitud	Lengtegraad
Mapa	Kaart
Mar	Zee
Meridiano	Meridiaan
Montaña	Berg
Mundo	Wereld
Norte	Noorden
Oeste	Westen
País	Land
Región	Regio
Río	Rivier
Sur	Zuiden
Territorio	Grondgebied

Geología
Geologie

Ácido	Zuur
Calcio	Calcium
Capa	Laag
Caverna	Grot
Continente	Continent
Coral	Koraal
Cristales	Kristallen
Cuarzo	Kwarts
Erosión	Erosie
Estalactita	Stalactiet
Estalagmitas	Stalagmieten
Fósil	Fossiel
Géiser	Geiser
Lava	Lava
Meseta	Plateau
Minerales	Mineralen
Piedra	Steen
Sal	Zout
Terremoto	Aardbeving
Volcán	Vulkaan

Geometría
Geometrie

Altura	Hoogte
Ángulo	Hoek
Cálculo	Berekening
Curva	Curve
Diámetro	Diameter
Dimensión	Dimensie
Ecuación	Vergelijking
Horizontal	Horizontaal
Lógica	Logica
Masa	Massa
Mediana	Mediaan
Número	Nummer
Paralelo	Parallel
Proporción	Proportie
Segmento	Segment
Simetría	Symmetrie
Superficie	Oppervlak
Teoría	Theorie
Triángulo	Driehoek
Vertical	Verticaal

Gobierno
Overheid

Ciudadanía	Burgerschap
Civil	Civiel
Constitución	Grondwet
Democracia	Democratie
Derechos	Rechten
Discurso	Toespraak
Discusión	Discussie
Distrito	Wijk
Estado	Staat
Igualdad	Gelijkheid
Judicial	Gerechtelijk
Justicia	Gerechtigheid
Ley	Wet
Libertad	Vrijheid
Líder	Leider
Monumento	Monument
Nacional	Nationaal
Nación	Natie
Política	Politiek
Símbolo	Symbool

Granja #1
Boerderij #1

Abeja	Bij
Agricultura	Landbouw
Agua	Water
Arroz	Rijst
Burro	Ezel
Caballo	Paard
Cabra	Geit
Campo	Veld
Cuervo	Kraai
Fertilizante	Mest
Gato	Kat
Heno	Hooi
Miel	Honing
Perro	Hond
Pollo	Kip
Semillas	Zaden
Ternero	Kalf
Tierra	Land
Vaca	Koe
Valla	Hek

Granja #2
Boerderij #2

Agricultor	Boer
Animales	Dieren
Cebada	Gerst
Colmena	Bijenkorf
Comida	Voedsel
Cordero	Lam
Fruta	Fruit
Granero	Schuur
Huerto	Boomgaard
Leche	Melk
Llama	Lama
Maíz	Maïs
Oveja	Schaap
Pastor	Herder
Pato	Eend
Prado	Weide
Riego	Irrigatie
Tractor	Tractor
Trigo	Tarwe
Vegetal	Groente

Herboristería
Herbalisme

Ajo	Knoflook
Albahaca	Basilicum
Aromático	Aromatisch
Azafrán	Saffraan
Calidad	Kwaliteit
Culinario	Culinair
Eneldo	Dille
Estragón	Dragon
Flor	Bloem
Hinojo	Venkel
Ingrediente	Ingrediënt
Jardín	Tuin
Lavanda	Lavendel
Mejorana	Marjolein
Menta	Munt
Perejil	Peterselie
Planta	Plant
Romero	Rozemarijn
Sabor	Smaak
Verde	Groen

Ingeniería
Engineering

Ángulo	Hoek
Cálculo	Berekening
Construcción	Bouw
Diagrama	Diagram
Diámetro	Diameter
Diesel	Diesel
Distribución	Distributie
Eje	As
Energía	Energie
Estabilidad	Stabiliteit
Estructura	Structuur
Fricción	Wrijving
Fuerza	Kracht
Líquido	Vloeistof
Máquina	Machine
Medición	Meting
Motor	Motor
Palancas	Hefbomen
Profundidad	Diepte
Propulsión	Voortstuwing

Instrumentos Musicales
Muziekinstrumenten

Armónica	Mondharmonica
Arpa	Harp
Banjo	Banjo
Clarinete	Klarinet
Fagot	Fagot
Flauta	Fluit
Gong	Gong
Guitarra	Gitaar
Mandolina	Mandoline
Marimba	Marimba
Oboe	Hobo
Pandereta	Tamboerijn
Percusión	Percussie
Piano	Piano
Saxofón	Saxofoon
Tambor	Trommel
Trombón	Trombone
Trompeta	Trompet
Violín	Viool
Violonchelo	Cello

Jardín
Tuin

Arbusto	Struik
Árbol	Boom
Banco	Bank
Césped	Gazon
Estanque	Vijver
Flor	Bloem
Garaje	Garage
Hamaca	Hangmat
Hierba	Gras
Huerto	Boomgaard
Jardín	Tuin
Malezas	Onkruid
Manguera	Slang
Pala	Schop
Porche	Veranda
Rastrillo	Hark
Suelo	Bodem
Terraza	Terras
Trampolín	Trampoline
Valla	Hek

Jazz
Jazz

Artista	Artiest
Álbum	Album
Canción	Lied
Composición	Samenstelling
Compositor	Componist
Concierto	Concert
Estilo	Stijl
Énfasis	Nadruk
Famoso	Beroemd
Favoritos	Favorieten
Género	Genre
Improvisación	Improvisatie
Música	Muziek
Nuevo	Nieuw
Orquesta	Orkest
Ritmo	Ritme
Talento	Talent
Tambores	Drums
Técnica	Techniek
Viejo	Oud

La Empresa
Het Bedrijf

Calidad	Kwaliteit
Creativo	Creatief
Decisión	Beslissing
Generar	Genereren
Global	Globaal
Industria	Industrie
Ingresos	Inkomsten
Innovador	Innovatief
Inversión	Investering
Negocio	Zaak
Posibilidad	Mogelijkheid
Presentación	Presentatie
Producto	Product
Profesional	Professioneel
Progreso	Vooruitgang
Reputación	Reputatie
Riesgos	Risico'S
Salarios	Loon
Tendencias	Trends
Unidades	Eenheden

Libros
Boeken

Autor	Auteur
Aventura	Avontuur
Colección	Collectie
Contexto	Context
Dualidad	Dualiteit
Escrito	Geschreven
Historia	Verhaal
Histórico	Historisch
Humorístico	Humoristisch
Inventivo	Inventief
Lector	Lezer
Literario	Literair
Narrador	Verteller
Novela	Roman
Página	Bladzijde
Pertinente	Relevant
Poema	Gedicht
Poesía	Poëzie
Serie	Serie
Trágico	Tragisch

Literatura
Literatuur

Analogía	Analogie
Análisis	Analyse
Anécdota	Anekdote
Autor	Auteur
Biografía	Biografie
Comparación	Vergelijking
Conclusión	Conclusie
Descripción	Omschrijving
Diálogo	Dialoog
Estilo	Stijl
Ficción	Fictie
Metáfora	Metafoor
Narrador	Verteller
Novela	Roman
Poema	Gedicht
Poético	Poëtisch
Rima	Rijm
Ritmo	Ritme
Tema	Thema
Tragedia	Tragedie

Los Medios de Comunicación
De Media

Actitudes	Houding
Comercial	Commercieel
Comunicación	Communicatie
Digital	Digitaal
Edición	Editie
Educación	Onderwijs
En Línea	Online
Financiación	Financiering
Fotos	Foto'S
Hechos	Feiten
Industria	Industrie
Intelectual	Intellectueel
Local	Lokaal
Opinión	Mening
Periódicos	Kranten
Público	Publiek
Radio	Radio
Red	Netwerk
Revistas	Tijdschriften
Televisión	Televisie

Mamíferos
Zoogdieren

Ballena	Walvis
Burro	Ezel
Caballo	Paard
Camello	Kameel
Canguro	Kangoeroe
Cebra	Zebra
Conejo	Konijn
Coyote	Coyote
Delfín	Dolfijn
Elefante	Olifant
Gato	Kat
Gorila	Gorilla
Jirafa	Giraf
Lobo	Wolf
Mono	Aap
Oso	Beer
Oveja	Schaap
Perro	Hond
Toro	Stier
Zorro	Vos

Matemáticas
Wiskunde

Aritmética	Rekenkundig
Ángulos	Hoeken
Circunferencia	Omtrek
Cuadrado	Vierkant
Decimal	Decimaal
Diámetro	Diameter
Ecuación	Vergelijking
Esfera	Bol
Exponente	Exponent
Fracción	Fractie
Geometría	Geometrie
Números	Cijfers
Paralelo	Parallel
Perpendicular	Loodrecht
Polígono	Veelhoek
Radio	Straal
Rectángulo	Rechthoek
Simetría	Symmetrie
Triángulo	Driehoek
Volumen	Volume

Mediciones
Metingen

Altura	Hoogte
Ancho	Breedte
Byte	Byte
Centímetro	Centimeter
Decimal	Decimaal
Grado	Graad
Gramo	Gram
Kilogramo	Kilogram
Kilómetro	Kilometer
Litro	Liter
Longitud	Lengte
Masa	Massa
Metro	Meter
Minuto	Minuut
Onza	Ons
Peso	Gewicht
Profundidad	Diepte
Pulgada	Inch
Tonelada	Ton
Volumen	Volume

Meditación
Meditatie

Aceptación	Aanvaarding
Atención	Aandacht
Calma	Kalm
Claridad	Helderheid
Compasión	Mededogen
Emociones	Emoties
Felicidad	Geluk
Gratitud	Dankbaarheid
Mental	Mentaal
Mente	Geest
Movimiento	Beweging
Música	Muziek
Naturaleza	Natuur
Observación	Observatie
Paz	Vrede
Pensamientos	Gedachten
Perspectiva	Perspectief
Postura	Houding
Respiración	Ademhaling
Silencio	Stilte

Mitología
Mythologie

Arquetipo	Archetype
Celos	Jaloezie
Cielo	Hemel
Comportamiento	Gedrag
Creación	Creatie
Creencias	Overtuigingen
Criatura	Wezen
Cultura	Cultuur
Deidades	Godheden
Desastre	Ramp
Fuerza	Kracht
Guerrero	Krijger
Héroe	Held
Laberinto	Doolhof
Leyenda	Legende
Monstruo	Monster
Mortal	Sterfelijk
Rayo	Bliksem
Trueno	Donder
Venganza	Wraak

Música
Muziek

Armonía	Harmonie
Armónico	Harmonisch
Álbum	Album
Balada	Ballade
Cantante	Zanger
Cantar	Zingen
Clásico	Klassiek
Coro	Koor
Grabación	Opname
Improvisar	Improviseren
Instrumento	Instrument
Melodía	Melodie
Micrófono	Microfoon
Musical	Muzikaal
Músico	Muzikant
Ópera	Opera
Poético	Poëtisch
Ritmo	Ritme
Tempo	Tempo
Vocal	Vocaal

Naturaleza
Natuur

Abejas	Bijen
Animales	Dieren
Ártico	Arctisch
Belleza	Schoonheid
Bosque	Bos
Desierto	Woestijn
Dinámico	Dynamisch
Erosión	Erosie
Follaje	Gebladerte
Glaciar	Gletsjer
Niebla	Mist
Nubes	Wolken
Pacífico	Rustig
Refugio	Schuilplaats
Río	Rivier
Salvaje	Wild
Santuario	Heiligdom
Sereno	Sereen
Tropical	Tropisch
Vital	Vitaal

Negocio
Zakelijk

Carrera	Carrière
Costo	Kosten
Descuento	Korting
Dinero	Geld
Economía	Economie
Empleado	Werknemer
Empleador	Werkgever
Empresa	Bedrijf
Fábrica	Fabriek
Finanzas	Financiën
Impuestos	Belastingen
Inversión	Investering
Mercancía	Handelswaar
Moneda	Valuta
Oficina	Kantoor
Presupuesto	Begroting
Tienda	Winkel
Trabajo	Baan
Transacción	Transactie
Venta	Verkoop

Nutrición
Voeding

Amargo	Bitter
Apetito	Eetlust
Calidad	Kwaliteit
Calorías	Calorieën
Carbohidratos	Koolhydraten
Cereales	Granen
Comestible	Eetbaar
Dieta	Dieet
Equilibrado	Evenwichtig
Fermentación	Fermentatie
Líquidos	Vloeistoffen
Nutriente	Voedingsstof
Peso	Gewicht
Proteínas	Eiwitten
Sabor	Smaak
Salsa	Saus
Salud	Gezondheid
Saludable	Gezond
Toxina	Toxine
Vitamina	Vitamine

Números
Getallen

Catorce	Veertien
Cero	Nul
Cinco	Vijf
Cuatro	Vier
Decimal	Decimaal
Diecinueve	Negentien
Dieciocho	Achttien
Dieciséis	Zestien
Diecisiete	Zeventien
Diez	Tien
Doce	Twaalf
Dos	Twee
Nueve	Negen
Ocho	Acht
Quince	Vijftien
Seis	Zes
Siete	Zeven
Trece	Dertien
Tres	Drie
Veinte	Twintig

Océano
Oceaan

Alga	Algen
Anguila	Aal
Arrecife	Rif
Atún	Tonijn
Ballena	Walvis
Barco	Boot
Camarón	Garnaal
Cangrejo	Krab
Coral	Koraal
Delfín	Dolfijn
Esponja	Spons
Mareas	Getijden
Medusa	Kwal
Ostra	Oester
Pescado	Vis
Pulpo	Octopus
Sal	Zout
Tiburón	Haai
Tormenta	Storm
Tortuga	Schildpad

Paisajes
Landschappen

Cascada	Waterval
Cueva	Grot
Desierto	Woestijn
Estuario	Estuarium
Géiser	Geiser
Glaciar	Gletsjer
Iceberg	IJsberg
Isla	Eiland
Lago	Meer
Laguna	Lagune
Mar	Zee
Montaña	Berg
Oasis	Oase
Pantano	Moeras
Península	Schiereiland
Playa	Strand
Río	Rivier
Tundra	Toendra
Valle	Vallei
Volcán	Vulkaan

Países #1
Landen #1

Alemania	Duitsland
Argentina	Argentinië
Bélgica	België
Brasil	Brazilië
Canadá	Canada
Ecuador	Ecuador
Egipto	Egypte
España	Spanje
Filipinas	Filipijnen
Honduras	Honduras
India	India
Italia	Italië
Libia	Libië
Malí	Mali
Marruecos	Marokko
Nicaragua	Nicaragua
Noruega	Noorwegen
Panamá	Panama
Polonia	Polen
Venezuela	Venezuela

Países #2
Landen #2

Albania	Albani
Australia	Australië
Austria	Oostenrijk
Dinamarca	Denemarken
Etiopía	Ethiopië
Francia	Frankrijk
Grecia	Griekenland
Indonesia	Indonesië
Irlanda	Ierland
Jamaica	Jamaica
Japón	Japan
Laos	Laos
México	Mexico
Pakistán	Pakistan
Portugal	Portugal
Rusia	Rusland
Siria	Syrië
Sudán	Soedan
Ucrania	Oekraïne
Uganda	Oeganda

Pájaros
Vogels

Avestruz	Struisvogel
Águila	Adelaar
Cigüeña	Ooievaar
Cisne	Zwaan
Cuco	Koekoek
Cuervo	Kraai
Flamenco	Flamingo
Ganso	Gans
Garza	Reiger
Gaviota	Meeuw
Gorrión	Mus
Halcón	Havik
Huevo	Ei
Loro	Papegaai
Paloma	Duif
Pato	Eend
Pelícano	Pelikaan
Pingüino	Pinguïn
Pollo	Kip
Tucán	Toekan

Plantas
Installaties

Arbusto	Struik
Árbol	Boom
Bambú	Bamboe
Baya	Bes
Bosque	Bos
Botánica	Plantkunde
Cactus	Cactus
Fertilizante	Mest
Flor	Bloem
Flora	Flora
Follaje	Gebladerte
Frijol	Boon
Hiedra	Klimop
Hierba	Gras
Hoja	Blad
Jardín	Tuin
Musgo	Mos
Pétalo	Bloemblad
Raíz	Wortel
Vegetación	Vegetatie

Profesiones #1
Beroepen #1

Abogado	Advocaat
Astrónomo	Astronoom
Atleta	Atleet
Bailarín	Danser
Banquero	Bankier
Bombero	Brandweerman
Cartógrafo	Cartograaf
Cazador	Jager
Doctor	Dokter
Editor	Editor
Embajador	Ambassadeur
Enfermera	Verpleegster
Entrenador	Trainer
Fontanero	Loodgieter
Geólogo	Geoloog
Joyero	Juwelier
Músico	Muzikant
Pianista	Pianist
Psicólogo	Psycholoog
Veterinario	Dierenarts

Profesiones #2
Beroepen #2

Agricultor	Boer
Astronauta	Astronaut
Biólogo	Bioloog
Cirujano	Chirurg
Dentista	Tandarts
Detective	Detective
Filósofo	Filosoof
Fotógrafo	Fotograaf
Ilustrador	Illustrator
Ingeniero	Ingenieur
Inventor	Uitvinder
Investigador	Onderzoeker
Jardinero	Tuinman
Lingüista	Linguïst
Médico	Arts
Periodista	Journalist
Piloto	Piloot
Pintor	Schilder
Profesor	Leraar
Zoólogo	Zoöloog

Psicología
Psychologie

Cita	Afspraak
Clínico	Klinisch
Cognición	Cognitie
Comportamiento	Gedrag
Conflicto	Conflict
Ego	Ego
Emociones	Emoties
Evaluación	Beoordeling
Experiencias	Ervaringen
Ideas	Ideeën
Inconsciente	Bewusteloos
Infancia	Jeugd
Pensamientos	Gedachten
Percepción	Perceptie
Problema	Probleem
Realidad	Realiteit
Sensación	Gevoel
Subconsciente	Onderbewust
Sueños	Dromen
Terapia	Therapie

Química
Chemie

Alcalino	Alkalisch
Ácido	Zuur
Calor	Warmte
Carbono	Koolstof
Catalizador	Katalysator
Cloro	Chloor
Electrón	Elektron
Enzima	Enzym
Gas	Gas
Hidrógeno	Waterstof
Ion	Ion
Líquido	Vloeistof
Metales	Metalen
Molécula	Molecuul
Nuclear	Nucleair
Oxígeno	Zuurstof
Peso	Gewicht
Reacción	Reactie
Sal	Zout
Temperatura	Temperatuur

Restaurante #1
Restaurant #1

Alergia	Allergie
Café	Koffie
Cajero	Kassier
Camarera	Serveerster
Carne	Vlees
Cocina	Keuken
Comer	Eten
Comida	Voedsel
Cuchillo	Mes
Ingredientes	Ingrediënten
Menú	Menu
Pan	Brood
Picante	Pittig
Plato	Bord
Pollo	Kip
Postre	Toetje
Reserva	Reservering
Salsa	Saus
Servilleta	Servet
Tazón	Kom

Restaurante #2
Restaurant #2

Agua	Water
Almuerzo	Lunch
Aperitivo	Voorgerecht
Bebida	Drank
Camarero	Ober
Cena	Diner
Cuchara	Lepel
Delicioso	Heerlijk
Ensalada	Salade
Especias	Specerijen
Fruta	Fruit
Hielo	Ijs
Huevos	Eieren
Pastel	Cake
Pescado	Vis
Sal	Zout
Silla	Stoel
Sopa	Soep
Tenedor	Vork
Verduras	Groente

Ropa
Kleding

Abrigo	Jas
Blusa	Blouse
Bufanda	Sjaal
Camisa	Shirt
Chaqueta	Jasje
Cinturón	Riem
Collar	Ketting
Delantal	Schort
Falda	Rok
Guantes	Handschoenen
Joyas	Sieraden
Moda	Mode
Pantalones	Broek
Pijama	Pyjama
Pulsera	Armband
Sandalias	Sandalen
Sombrero	Hoed
Suéter	Trui
Vestido	Jurk
Zapato	Schoen

Salud y Bienestar #1
Gezondheid en Welzijn #1

Activo	Actief
Altura	Hoogte
Bacterias	Bacteriën
Clínica	Kliniek
Doctor	Dokter
Farmacia	Apotheek
Fractura	Breuk
Hambre	Honger
Hábito	Gewoonte
Hormonas	Hormonen
Huesos	Botten
Medicina	Medicijn
Músculos	Spieren
Piel	Huid
Postura	Houding
Reflejo	Reflex
Relajación	Ontspanning
Terapia	Therapie
Tratamiento	Behandeling
Virus	Virus

Salud y Bienestar #2
Gezondheid en Welzijn #2

Alergia	Allergie
Anatomía	Anatomie
Apetito	Eetlust
Caloría	Calorie
Deshidratación	Dehydratie
Dieta	Dieet
Energía	Energie
Enfermedad	Ziekte
Estrés	Stress
Genética	Genetica
Higiene	Hygiëne
Hospital	Ziekenhuis
Infección	Infectie
Masaje	Massage
Nutrición	Voeding
Peso	Gewicht
Recuperación	Herstel
Saludable	Gezond
Sangre	Bloed
Vitamina	Vitamine

Selva Tropical
Regenwoud

Anfibios	Amfibieën
Botánico	Botanisch
Clima	Klimaat
Comunidad	Gemeenschap
Diversidad	Diversiteit
Especie	Soort
Indígena	Inheems
Insectos	Insecten
Mamíferos	Zoogdieren
Musgo	Mos
Naturaleza	Natuur
Nubes	Wolken
Pájaros	Vogels
Preservación	Behoud
Refugio	Toevlucht
Respeto	Respect
Restauración	Restauratie
Selva	Jungle
Supervivencia	Overleving
Valioso	Waardevol

Senderismo
Wandelen

Acantilado	Klif
Agua	Water
Animales	Dieren
Botas	Laarzen
Camping	Kamperen
Cansado	Moe
Clima	Klimaat
Cumbre	Top
Guías	Gidsen
Mapa	Kaart
Montaña	Berg
Mosquitos	Muggen
Naturaleza	Natuur
Orientación	Oriëntatie
Parques	Parken
Pesado	Zwaar
Piedras	Stenen
Preparación	Voorbereiding
Salvaje	Wild
Sol	Zon

Suministros de Arte
Kunstbenodigdheden

Aceite	Olie
Acrílico	Acryl
Acuarelas	Aquarellen
Agua	Water
Arcilla	Klei
Borrador	Gom
Caballete	Ezel
Cámara	Camera
Cepillos	Borstels
Colores	Kleuren
Creatividad	Creativiteit
Ideas	Ideeën
Lápices	Potloden
Mesa	Tafel
Papel	Papier
Pasteles	Pastel
Pegamento	Lijm
Pinturas	Verf
Silla	Stoel
Tinta	Inkt

Tiempo
Tijd

Ahora	Nu
Antes	Voor
Anual	Jaarlijks
Año	Jaar
Ayer	Gisteren
Calendario	Kalender
Década	Decennium
Día	Dag
Futuro	Toekomst
Hora	Uur
Hoy	Vandaag
Mañana	Ochtend
Mediodía	Middag
Mes	Maand
Minuto	Minuut
Momento	Moment
Noche	Nacht
Reloj	Klok
Semana	Week
Siglo	Eeuw

Tipos de Cabello
Haartypes

Blanco	Wit
Brillante	Glimmend
Calvo	Kaal
Corto	Kort
Delgada	Dun
Gris	Grijs
Grueso	Dik
Largo	Lang
Marrón	Bruin
Negro	Zwart
Ondulado	Golvend
Plata	Zilver
Rizado	Krullend
Rizos	Krullen
Rubio	Blond
Saludable	Gezond
Seco	Droog
Suave	Zacht
Trenzado	Gevlochten
Trenzas	Vlechten

Universo
Universum

Asteroide	Asteroïde
Astronomía	Astronomie
Astrónomo	Astronoom
Atmósfera	Atmosfeer
Cielo	Hemel
Cósmico	Kosmisch
Ecuador	Evenaar
Hemisferio	Halfrond
Horizonte	Horizon
Inclinación	Kantelen
Latitud	Breedtegraad
Longitud	Lengtegraad
Luna	Maan
Oscuridad	Duisternis
Órbita	Baan
Solar	Zonne
Solsticio	Zonnewende
Telescopio	Telescoop
Visible	Zichtbaar
Zodíaco	Dierenriem

Vacaciones #2
Vakantie #2

Aeropuerto	Luchthaven
Carpa	Tent
Destino	Bestemming
Extranjero	Buitenlander
Fotos	Foto'S
Hotel	Hotel
Isla	Eiland
Mapa	Kaart
Mar	Zee
Ocio	Vrije Tijd
Pasaporte	Paspoort
Playa	Strand
Reservas	Reserveringen
Restaurante	Restaurant
Taxi	Taxi
Transporte	Vervoer
Tren	Trein
Vacaciones	Vakantie
Viaje	Reis
Visa	Visum

Vehículos
Voertuigen

Ambulancia	Ambulance
Autobús	Bus
Avión	Vliegtuig
Balsa	Vlot
Barco	Boot
Bicicleta	Fiets
Camión	Vrachtauto
Caravana	Caravan
Coche	Auto
Cohete	Raket
Ferry	Veerboot
Helicóptero	Helikopter
Lanzadera	Shuttle
Metro	Metro
Motor	Motor
Neumáticos	Banden
Submarino	Onderzeeër
Taxi	Taxi
Tractor	Tractor
Tren	Trein

Verduras
Groenten

Ajo	Knoflook
Alcachofa	Artisjok
Apio	Selderij
Berenjena	Aubergine
Brócoli	Broccoli
Calabaza	Pompoen
Cebolla	Ui
Ensalada	Salade
Espinacas	Spinazie
Guisante	Erwt
Jengibre	Gember
Nabo	Raap
Oliva	Olijf
Patata	Aardappel
Pepino	Komkommer
Perejil	Peterselie
Rábano	Radijs
Seta	Paddestoel
Tomate	Tomaat
Zanahoria	Wortel

Enhorabuena

Lo has conseguido!

Esperamos que hayas disfrutado de este libro tanto como nosotros al diseñarlo. Nos esforzamos por crear libros de la máxima calidad posible.
Esta edición está diseñada para proporcionar un aprendizaje inteligente, de calidad y divertido!

¿Te ha gustado este libro?

Una Petición Sencilla

Estos libros existen gracias a las reseñas que se publican.
¿Podrías ayudarnos dejando una reseña ahora?
Aquí tienes un breve enlace a la página de reseñas

BestBooksActivity.com/Opiniones50

¡DESAFÍO FINAL!

Reto n°1

¿Estás listo para tu juego gratis? Los utilizamos siempre, pero no son tan fáciles de encontrar. ¡Aquí están los **Sinónimos!**

Escribe 5 palabras que hayas encontrado en los rompecabezas (#21, #36, #76) y trata de encontrar 2 sinónimos para cada palabra.

Escriba 5 palabras del *Puzzle 21*

Palabras	Sinónimo 1	Sinónimo 2

Escriba 5 palabras del *Puzzle 36*

Palabras	Sinónimo 1	Sinónimo 2

Escriba 5 palabras del *Puzzle 76*

Palabras	Sinónimo 1	Sinónimo 2

Reto n°2

Ahora que te has calentado, escribe 5 palabras que hayas encontrado en los Puzzles 9, 17 y 25 e intenta encontrar 2 antónimos para cada palabra. ¿Cuántos puedes encontrar en 20 minutos?

Escriba 5 palabras del **Puzzle 9**

Palabras	Antónimo 1	Antónimo 2

Escriba 5 palabras del **Puzzle 17**

Palabras	Antónimo 1	Antónimo 2

Escriba 5 palabras del **Puzzle 25**

Palabras	Antónimo 1	Antónimo 2

Reto n°3

¡Genial! Este desafío final   no es nada para ti.

¿Preparado para el reto final? Elige 10 palabras que hayas descubierto en los diferentes rompecabezas y escríbelas a continuación.

1.	6.
2.	7.
3.	8.
4.	9.
5.	10.

Ahora escribe un texto pensando en una persona, un animal o un lugar que te guste.

Puedes usar la última página de este libro como borrador.

Tu Composición:

CUADERNO DE NOTAS :

HASTA PRONTO !

Todo el Equipo